Bodensee

Rüdiger Tschacher lebt und arbeitet
als freier Autor in Tübingen. Seit mehr
als 40 Jahren ist das »Schwäbische Meer«
für ihn eine regelmäßig besuchte Region
im nahen Süden.

 Familientipps

 Diese Unterkünfte haben
behindertengerechte Zimmer

 In diesen Unterkünften sind
Hunde erlaubt

 Ziele in der Umgebung

Preise für ein Doppelzimmer mit Frühstück:

€€€€ ab 170 €   €€ ab 100 €
€€€ ab 130 €   € bis 100 €

Preise für ein dreigängiges Menü ohne
Getränke:

€€€€ ab 40 €   €€ ab 20 €
€€€ ab 30 €   € bis 20 €

Inhalt

◄ Allensbach (▶ S. 85) bietet einen herrlichen
Blick auf die Klosterinsel Reichenau (▶ S. 92).

Unterwegs am Bodensee   32

Touren und Ausflüge   94

Wissenswertes über den Bodensee   104

✳ Karten und Pläne

Willkommen am Bodensee

Die Bodenseeregion präsentiert sich international und offen für neue Einflüsse – und ist doch gleichzeitig ganz bei sich.

Schon lange bevor der See überhaupt zu sehen ist und die Bodensee-Autobahn, von Stuttgart kommend, sich entlang der erloschenen Vulkankegel des Hegaus zum Wasser hin senkt, wächst die Sehnsucht. Sehnsucht nach dem klaren Blau des Wassers und dem prachtvollen Alpenpanorama, das sich an klaren Tagen über dem Schweizer Ufer erhebt. Sehnsucht nach einem Spaziergang entlang der gepflegten Uferpromenaden der Städte, Städtchen und Dörfer am Obersee oder nach einem verträumten, sonnendurchfluteten Segeltörn auf einem der zahlreichen Schiffe. Und jedes Jahr wieder Sehnsucht nach dem feinen Weiß und Rosa der Apfelblüte, die die Saison eröffnet. Sehnsucht aber auch nach einem guten Glas Bodenseewein in einer der vielen kleinen, aber feinen Winzereien. Sehnsucht gar auch nach den belebten Zentren der Städte in der Hochsaison, nach Trubel, Feststimmung, nach der Sprachenvielfalt der Besucher aus aller Welt, die der Region jene Stimmung verleihen, die sie so unverwechselbar macht.

Erfolgsrezept Vielfalt

Bodensee! Das Erfolgsrezept ist einfach und gut: Man nehme reichlich Kultur, bette diese in eine attraktive, intakte Landschaft und würze beides mit einer sorgfältig abgestimmten

◄ Stille Stunden auf dem See – Alltag jedes Bodenseefischers – sind ein leicht zu erfüllender Urlaubswunsch.

Mischung aus Ortsverbundenheit und Internationalität. Bodensee! Eine Region, die berauschende Blicke über See und Alpen ebenso bietet wie zeitlos schwebende Landschaften, etwa die Höri am Untersee.

Der See verbindet. Sei es landschaftlich, kulturell oder menschlich. Mächtig streckt er sich als Obersee zwischen Rorschach und Romanshorn, Lindau, Friedrichshafen und Überlingen. Im Süden fließt er als Rhein unter den Brücken von Konstanz hindurch, um sich dann nochmals zu drei schmaleren Seen – Gnadensee, Zeller See und Untersee – zu weiten.

In den Dörfern und Städten unmittelbar am ehemaligen Gletscherbecken leben heute mehr als eine Million Menschen. Sehr viele mehr, etwa sechs Millionen, bleiben jährlich mehrere Tage, um ein wenig vom Charme der Region einzufangen. Nimmt man die Zahl von nochmals doppelt so vielen Tagesausflüglern pro Saison allein auf der deutschen Uferseite, so wird rasch deutlich, dass sich an den Ufern des Bodensees eines der größten touristischen Zentren Mitteleuropas befindet. Diese Zahlen werden wiederum beeindruckender, wenn man die Wintersportgebiete Vorarlberg, St. Gallen und Oberallgäu sowie die Schweizer Kantone Zürich und Schaffhausen, das Land Liechtenstein und den Landkreis Sigmaringen zum Bodenseeraum hinzuzählt. Zusammen bilden diese Regionen, gemeinsam mit den seenahen Landstrichen, die Euregio Bodensee. Die Euregio zählt

mit 3,7 Millionen Menschen genau so viele Einwohner wie Berlin – bei einer mit 16 186 Quadratkilometern allerdings doppelten Fläche; eine wirtschaftlich, sozial und kulturell zunehmend eng verflochtene, äußerst dynamische europäische Region mit hoher Lebensqualität.

Wenn allerdings in den Wintersportgebieten das Geschäft zur Jahreswende erst richtig zu brummen beginnt, versinken viele Hotels und Restaurants am See in Winterschlaf. Nebeltage werden häufiger, das lärmende Treiben am Seeufer weicht einer stilleren Stimmung, die ihrerseits Liebhaber gefunden hat.

»Seen-Sucht«

Die große Mehrheit der Besucher kommt in der Sommersaison. Fast 30 000 Jachten und Jollen schaukeln dann im leichten Wellengang, 30 Segelschulen bieten Interessierten Kurse an. In der Hauptreisezeit von Juni bis August ist der Rummel am See fast schon sprichwörtlich. Geschmackssache, denn dem einen ist es gerade recht, einmal in einer gut besuchten Gartenwirtschaft in Wasserburg auf die Alpen zu blicken, gerade noch Karten für die Bregenzer Seefestspiele zu ergattern oder gemeinsam mit zahlreichen anderen Erholungsuchenden auf einem der prachtvollen Schiffe der Weißen Flotte über den See zu kreuzen.

Die anderen suchen die Stille – und finden sie sogar in der Hochsaison, etwa bei einer Wanderung entlang der vulkanischen Bergkegel des Hegaus oder durch die oberschwäbische Hügellandschaft des Linzgaus. Sie sehen – die Bodenseeregion bietet vielfältige Antworten auf die unterschiedlichsten »Seen-Süchte« …

MERIAN-TopTen

MERIAN zeigt Ihnen die Höhepunkte der Region: Das sollten Sie sich bei Ihrem Besuch am Bodensee nicht entgehen lassen.

 Zeppelinmuseum, Friedrichshafen
Das Museum zeigt die weltgrößte Sammlung zur Geschichte der Luftschifffahrt (▶ S. 36).

 Burg Meersburg
Vom Alten Schloss blickte einst die Schriftstellerin Annette von Droste-Hülshoff über den See (▶ S. 48).

 Pfahlbaumuseum Unteruhldingen
Die Holzdörfer im See gestatten spannende Blicke in die Vorgeschichte (▶ S. 57).

 Wallfahrtskirche Birnau
Hier zeigt sich Bodensee-Barock von seiner prächtigsten Seite – und vor einem atemberaubenden See- und Alpenpanorama (▶ S. 57).

 Stiftsbibliothek St. Gallen
Die Bibliothek mit wertvollen Handschriften im prachtvollen Rokokosaal ist UNESCO-Weltkulturerbe (▶ S. 70).

 Konstanzer Münster
Ein Gang durch das älteste Stadtviertel bringt Sie zum Münster, das 1200 Jahre Bischofssitz war (▶ S. 78, 81).

7 **Klosterinsel Reichenau**
Im Jahr 2000 zum UNESCO-
Weltkulturerbe erhoben,
birgt die Insel kunsthistori-
sche Kleinode (▶ S. 92).

8 **Rheinfall Schaffhausen**
Einer der beeindruckendsten
Wasserfälle Europas – zwar
nicht der höchste, aber zweifellos der schönste (▶ S. 99).

9 **Insel Mainau**
Ob zur Orchideen- oder
zur Rosenblüte: Die Insel
ist (fast) zu jeder Jahreszeit einen Besuch wert
(▶ S. 100).

10 **Säntis**
Sechs Länder im Blick: Nicht
nur aufgrund seiner Höhe
von 2504 m ist der Schweizer Gipfel ein absoluter
Höhepunkt am Bodensee
(▶ S. 69, 102).

5

MERIAN-**Tipps** Mit **MERIAN** mehr erleben.
Nehmen Sie teil am Leben der Region und entdecken Sie den Bodensee, wie ihn nur Einheimische kennen.

1 Landhaus Ödenstein, Meersburg
Südhanglage mit Aussicht auf Altstadt und See bietet diese hübsche Übernachtungsmöglichkeit (▸ S. 13).

2 Strandbad Fischbach
Ein schönes Bad mit Blick auf die Alpen – familienfreundlich, mit Sandstrand und selten überlaufen (▸ S. 36).

3 Gasthof Gehrenberg
Einer der schönsten Aussichtspunkte am See mit Biergarten und Theaterstadl (▸ S. 40).

4 Restaurant Villino, Lindau
Die Speisekarte des idyllisch gelegenen Hotel-Restaurants entführt Sie kulinarisch in den Süden (▸ S. 42).

5 Lindauer Marionettenoper
Mozart, Rossini und Bizet auf den Brettern, die die Welt bedeuten – mit der Besonderheit, dass die Darsteller auch aus Holz sind (▸ S. 44).

6 Überlinger Fasnet
Am Faschingssamstag tanzen Tausende »Hänsele« durch die Narrenhochburg Überlingen (▸ S. 55).

 Hotel Dom, St. Gallen
Das »Hotel mit Herz« im
Zentrum St. Gallens gilt als
Pionierprojekt, in dem Men-
schen mit einer leichten
Behinderung arbeiten
(▶ S. 70).

 **Jugendstil-Bad auf dem
Freudenberg, St. Gallen**
Schwimmen wie vor 100 Jah-
ren können Sie oberhalb von
St. Gallen (▶ S. 72).

 Schloss Girsberg
Das Schloss mit wechselvol-
ler Geschichte ist heute ein
kultureller Begegnungsort
(▶ S. 89).

Bisons auf dem Bodanrück
Familienausflug mit mehreren Highlights: Burgenwan-
derung, Bisonfarm und
Gartenlokal mit Streichelzoo (▶ S. 91).

Auszeit vom Alltag: Im modernen, luftigen Ambiente des Hotel Riva (▶ S. 82) in Konstanz findet der Gast Ruhe und Entspannung.

Zu Gast
am Bodensee

Die Bodenseeregion ist eine Ferienlandschaft, die ihre Gäste mit kulinarischen Hochgenüssen, vielfältigen Freizeitangeboten und Kulturevents verwöhnt.

Übernachten

Wie man sich bettet, so schläft man: Wählen Sie zwischen Hotel und Heu, Pension oder Privatzimmer. Wer in der Sommersaison ein Quartier direkt am Wasser beziehen möchte, sollte rechtzeitig reservieren.

◄ Kleinod an den Hängen Lindaus:
Das Hotel-Restaurant Villino (▶ MERIAN-Tipp, S. 42) ist einfach zauberhaft.

Die Bodenseeregion ist eine der beliebtesten Urlaubsregionen im deutschsprachigen Raum. Insbesondere zur Hauptsaison in den Monaten Juli und August strömen Millionen von Besuchern aus aller Welt in die 54 deutschen, österreichischen und Schweizer Fremdenverkehrsgemeinden rund um den See.
Der Trend geht zu kürzeren Aufenthalten. Darauf haben sich die Hotels mit Pauschalangeboten eingestellt. Insbesondere an Wochenenden bieten Stadthotels reduzierte Pauschalen an. Aber selbst wenn in der Hochsaison die Hotels der mittleren Preiskategorie ausgebucht sind, findet sich bereits einige Kilometer vom Seeufer entfernt auch kurzfristig eine bezahlbare Unterkunft. Eine länderübergreifende, umfassende Auflistung der Hotels, Pensionen, Privatzimmer und Zeltplätze rund um den See gibt es im Internet unter www.bodensee-tourismus.com.

Für jeden Geldbeutel

Privatunterkünfte sind eine immer beliebter werdende, kostengünstige Alternative zum Hotelaufenthalt. Informationen zu privaten Übernachtungsmöglichkeiten erhalten Sie in den Katalogen der Fremdenverkehrsverbände (▶ S. 110) oder bei den Verkehrsvereinen Ihres Zielorts. An **Ferienhäusern** und **-wohnungen** besteht rund um den See ein breites Angebot. Der Deutsche Tourismusverband bewertet die jeweiligen Quartiere mit ein bis fünf Sternen, das Gros der Unterkünfte zählt mit drei Sternen zur Mittelklasse.

MERIAN-Tipp

LANDHAUS ÖDENSTEIN
▶ S. 51, a 1

In Südhanglage inmitten von Weinbergen liegt mit Blick auf Altstadt, Fährhafen und Alpen, nur zehn Gehminuten von der Altstadt von Meersburg entfernt, das bezaubernde kleine Haus mit freundlichem Service. Der Hausherr, Herr Frey, ist übrigens Mitglied des örtlichen Geschichtsvereins und kann den Gästen Interessantes erzählen.
Meersburg, Droste-Hülshoff-Weg 25 • Tel. 0 75 32/61 42 • www.oedenstein.de • 9 Zimmer • ⚑ auf Anfrage • €

Übernachtungen der besonderen Art bieten mehrere **Heuhotels** in der Region. Die Gäste bringen einen Schlafsack mit und übernachten in Scheunen auf raschelndem Stroh, ein herzhaftes Frühstück meist inklusive. Viele Urlauber, die ihre Ferien Fahrrad fahrend verbringen, schätzen das Übernachten im Heu als spannende und kostengünstige Alternative zum Zelt. Ob mit oder ohne Fahrrad – ein Riesenspaß!
Weitergehende Informationen erhalten Sie unter www.der-bodensee.de in der Rubrik »Übernachten« oder in Form von geplanten Rundtouren unter www.strohtour.de.

Empfehlenswerte Hotels und andere Unterkünfte finden Sie bei den Orten im Kapitel ▶ Unterwegs am Bodensee.

Preise für ein Doppelzimmer mit Frühstück:

€€€€ ab 170 €	€€ ab 100 €
€€€ ab 130 €	€ bis 100 €

Essen und Trinken

Die Bodenseeregion bietet rund um den Kochtopf eine große, bunte Palette. Drei Länder und fünf Küchen bestimmen den Speiseplan, der sowohl Deftiges wie auch Haute Cuisine bereithält.

◀ Schon seit fast 400 Jahren wird in der gemütlichen Winzerstube (▶ S. 50) in Meersburg »gebechert« und gespeist.

Nur wenigen ist bekannt, dass sich die Bodenseeregion – was Auszeichnungen und Haute Cuisine betrifft – mit den gastronomisch herausragenden Regionen Europas messen kann.

Bodensee Haute Cuisine

Sie müssen also nicht ins Elsass oder in die Toskana fahren, um erstklassig essen und trinken zu können – eine kulinarische Rundfahrt um den Bodensee genügt. Die Fahrt umfasst fünf Landschaften: Am Nordufer gibt's **badische**, **schwäbische** und **bayerische** Spezialitäten, im Osten werden die Einflüsse der **Vorarlberger Kochkunst** deutlich, und im Süden lockt die **Thurgauer Küche**. Den besten Köchen gelingt es, diese wundervollen Traditionen zu einer Kochkunst zu vereinigen, die durchaus als »Bodensee Haute Cuisine« bezeichnet werden kann.

Doch die einfallsreichste Mischung gelingt nicht, wenn ihre Bestandteile nicht von erster Güte sind. Im milden Seeklima gedeiht Gemüse erster Qualität. Der **Obstanbau** des Bodenseekreises beliefert ganz Süddeutschland nicht nur mit Äpfeln. In den Vorarlberger Alpen und in Appenzell reicht die Tradition des **Käsemachens** Hunderte von Jahren zurück. Und dann natürlich der See selbst: 200 haupt- und nebenberufliche Fischer rudern vor der Morgendämmerung hinaus. In ihren Netzen und Reusen zappeln 19 Speisefischarten. Die schmackhaftesten sind Barsche, Hechte, Seekarpfen, Trüschen und Aale. Bei den **Fischgerichten** geht kein Weg an **Bodensee-**

Felchen vorbei, klassisch nach Konstanzer Art auf Tomatenhaschee oder in einer der zahlreichen Varianten.

Käse-Küche vom Feinsten

Die traditionelle Vorarlberger Küche ist deftig. Hier isst man Gerstensuppe und Käsknöpfle (Käsespatzen). **Käse** ist überhaupt ein wichtiger Bestandteil der Küche Vorarlbergs. So soll es nicht verwundern, dass es eine spezielle **Käsestraße** durch den Bregenzerwald gibt, an deren Verlauf der Gast bis zu 30 verschiedene Sorten verkosten kann.

Im Thurgau greift man ebenfalls traditionell gern zu heimischem Käse, neben den Thurgauer und Arenenberger natürlich auch Appenzeller und Rheingauer. **Chäs'chüchli** sind eine Spezialität, die man sich nicht entgehen lassen sollte. Am deutschen Nordufer isst man neben Spätzle und Knöpfle Maultaschen, Schupfnudeln und Zwiebelsuppe.

Zu all den Köstlichkeiten darf natürlich ein regionaler **Wein** nicht fehlen. Und davon gibt es im südlichsten Weinanbaugebiet Deutschlands eine reiche Auswahl. Auf etwa 350 ha am Nordufer des Obersees und auf 20 ha am Schweizer Untersee-Ufer wird vorrangig Müller-Thurgau, Spätburgunder und Ruländer angebaut. Der Weinanbau am Bodensee hat eine tausendjährige Tradition; jüngeren Datums sind die hervorragenden Obstbrände, die zunehmend Liebhaber finden.

Empfehlenswerte Restaurants finden Sie bei den Orten im Kapitel ▶ **Unterwegs am Bodensee**.

Preise für ein dreigängiges Menü:

€€€€ ab 40 €	€€ ab 20 €
€€€ ab 30 €	€ bis 20 €

grüner
reisen

Wer zu Hause umweltbewusst lebt, möchte dies vielleicht auch im Urlaub tun. Mit unseren Empfehlungen im Kapitel grüner reisen wollen wir Ihnen helfen, Ihre »grünen« Ideale an Ihrem Urlaubsort zu verwirklichen und Menschen zu unterstützen, denen ein verantwortungsvoller Umgang mit der Natur am Herzen liegt.

Bodensee – »Konjunktur durch Natur«

Diesem Slogan entsprechend zählt die Bodenseeregion zu den Vorreitern bei Projekten, die auf eine regionale Energiewende hinarbeiten. Die im Jahr 2000 gegründete Firma solarcomplex aus Singen beispielsweise plant, baut und betreibt Anlagen zur Strom- und Wärmeerzeugung aus erneuerbaren Energien. Eines ihrer aktuellen Projekte ist das energietechnisch autarke Bioenergiedorf Lippertsreute. In Hotellerie und Gastronomie haben sich zahlreiche Anbieter in den zurückliegenden Jahrzehnten auf ein nachhaltiges Vorgehen besonnen. Das Thema »Verantwortungsvolles Einkaufen und Kaufen« hat sich die Initiative »Einkaufen im Hegau« (www.einkaufen-im-hegau.de) aus Gottmadingen zum Ziel gesetzt. Auf ihrer übersichtlich gestalteten Homepage hat der User die Möglichkeit, Preise von Bio-Produkten mit denen von nicht ökologisch hergestellten Waren zu vergleichen. Zum anderen gibt die Site Auskunft über die Bio-Sortimente der großen Einzelhandelsketten. Der Ravensburger Verein »Sozial Einkaufen« (www.sozial-einkaufen-bodensee.de) setzt diese konkret-lokalen Ansätze in einen globalen Zusammenhang.

ÜBERNACHTEN

Rickatschwende ▶ S. 121, F 10

Am Anfang der Philosophie des öster-reichischen Nichtraucherhotels steht die Erkenntnis, dass ein verantwor-tungsvoller Umgang mit der Natur bei einem verantwortungsvollen Umgang mit sich selbst beginnt. Als »Meister ihrer Gesundheit« finden die Gäste des Hauses ein reiches Angebot an Anwendungen rund um den Themen-bereich Fitness, Gesundheit und Well-ness. Quellwasser aus der hauseige-nen Quelle beliefert das zum Hotel gehörende Hallenschwimmbad. Ein Natursolarium, eine finnische und ei-ne Biosauna stehen zur Verfügung, und auf den großen, stillen Sonnenter-rassen kann der Sonnenuntergang über dem See genossen werden – idyl-lischer geht's kaum. Für den kulinari-schen Genuss sorgt das haubenge-krönte Gourmet-Restaurant.
3 km nordöstlich von Dornbirn, Rickatschwende 1 • Tel. 0 55 72/ 25 35 00 • www.rickatschwende. com • 21 Zimmer • ♿ • 🐾 • €€€€

Landhotel Martinsmühle ♟♟
▶ S. 119, E 7

Hier stammt nicht nur der Schnaps aus eigener Herstellung. Auch der Strom wird im hauseigenen Wasserkraftwerk erzeugt – moderne Technik und nach-haltiges Wirtschaften in einem Atem-zug. Am Mühlbach abseits vom See-rummel schlummern Sie zudem ganz romantisch in handbemalten Bauern-betten. Leckere hausgemachte Mar-melade und ganz frische Kuhmilch werden zum Frühstück gereicht.
Das kinderfreundliche Familienhotel ist ein Kleinod für umweltbewusste Reisende, die weder auf zeitgemäßen Komfort noch auf umweltgerechte Le-bensweise verzichten wollen.

Lindau, Bechtersweiler 25 • Tel. 0 83 82/58 49 • www.landhotel-martinsmuehle.de • März–Okt. • 21 Zimmer • 🐾 • €

Pferdehof und Heuhotel Weltin ♟♟ ▶ S. 117, D 2

Produkte aus ökologischem Landbau sind nicht nur in der Bodenseeregion längst aus der vermeintlichen Müsli-Ecke herausgetreten. Der Pferdehof Weltin am südöstlichen Ende von Überlingen am Ried gibt seinen Gäs-ten die Möglichkeit, sich vor Ort die Abläufe auf einem Bio-Betrieb anzu-schauen und – wenn man länger blei-ben möchte – in Form einer Nacht im Stroh »hautnah« zu erleben. Auf dem hierfür hergerichteten Heuboden des Hauses liegt man weich und behaglich und kann sich am Morgen auf ein zünf-tiges Bauernfrühstück freuen. Dusche und WC sind natürlich auch vorhan-den. Wer mag, kann dann mit dem hof-eigenen Planwagen eine Tages- oder Halbtagestour durch die sehenswerte Hegaulandschaft unternehmen.
Man gewinnt in diesem ungewöhnli-chen Hotel einen guten Einblick in die Arbeit und das Leben auf einem Hof, der gemäß den Richtlinien des ökolo-gischen Landbaus arbeitet. Die hier gezüchteten Pferde werden neben der Hofarbeit im Naturschutzgebiet Ra-dolfzeller Aachried eingesetzt. Moder-ne Technik und ökologischer Landbau sind kein Widerspruch: So wird das Ried mit einem innovativen Forderwa-gen naturschonend und effizient ge-pflegt. Im Winter übernehmen die Kaltblutpferde Holzarbeiten im Wald.
Singen-Überlingen am Ried, Riedstr. 19 • Tel. 0 77 31/2 21 45 • www. pferdehof-weltin.de • eine Nacht im Heu: Erwachsene 16 €, Kinder bis 12 Jahre 12 €

ÜBERNACHTEN/ESSEN UND TRINKEN/EINKAUFEN

Naturata ▸ S. 118, A 6

Seit 30 Jahren gelingt es Naturata, ökologische Themen in Form eines großen Naturkostladens, eines kleinen Hotels und eines Restaurants einem breiten Publikum zugänglich zu machen. Architektonisch interessant ist die moderne Holzkonstruktion, die durch die geschickte Verbindung von natürlichen Baustoffen und gelungenem Design beeindruckt. Im gut sortierten Naturwaren-Laden erhalten Sie Demeter-Produkte aus der Region sowie Kosmetik, Holzspielzeug und vieles mehr. Im Restaurant mit 60 Sitzplätzen und weiteren 40 auf der Terrasse werden frisch zubereitete Vollwertgerichte serviert. Sowohl Fleisch von Demeter-Höfen als auch vegetarische Gerichte sind im Angebot. Die Hotelzimmer sind wie das gesamte Gebäude mit Naturmaterialien erbaut und ausgestattet. Sie sind im Obergeschoss und bestätigen den lichtdurchfluteten Gesamteindruck des Hauses.
Überlingen, Rengoldshauser Str. 21 • Tel. 075 51/95 16 15 • www.naturata-gmbh.de
– Hotel: 6 Zimmer • €
– Restaurant: Tel. 075 51/95 16 13 • Mo 8–18, Di–Sa 8–23 Uhr • €€
– Laden: Mo–Fr 8–18.30, Sa 8–13.30 Uhr

AKTIVITÄTEN

Bioenergiedorf Lippertsreute
▸ S. 118, A 5

Im Überlinger Ortsteil Lippertsreute, etwa 6 km vom See entfernt, leben 650 Einwohner in 120 Gebäuden. Strom und Wärme für die Ortschaft werden aus einem Energiemix aus regenerativen Rohstoffen vor Ort erstellt. Dieser setzt sich aus einer Biogasanlage, einer Hackschnitzelheizung und Fotovoltaikanlagen zusammen. Bis Ende 2012 sollen zehn solcher Bioenergiedörfer am Bodensee entstehen. Gefördert wird das Vorhaben unter anderem vom Bundesministerium für Ernährung, Landwirtschaft und Verbraucherschutz. Führungen vom Betreiber »solarcomplex« werden jeden Samstag angeboten.
Informationen und Anmeldung: Tel. 01 63/141 03 57 • www.bioenergiedorf-lippertsreute.de

Bodensee-Umweltrat
▸ S. 117, D 2

Der Bodensee-Umweltrat ist Teil der Bodensee-Stiftung mit Sitz in Radolfzell und besteht aus 20 Naturschutzverbänden der Schweiz, Österreichs und Deutschlands. Er unterstützt und initiiert Projekte wie etwa die Auenwaldrenaturierung, organisiert Messen zum Thema Vogel- und Naturbeobachtung und erstellt Rundwege, beispielsweise den Landschaftspfad Hardtseen.
Als Teil des Netzwerkes »Blühender Bodensee« werden Kampagnen zu einer bienenfreundlichen Bewirtschaftung finanziert. Das jährlich erscheinende Magazin »Zukunftsfähiger Bodensee« gibt einen Überblick über Projekte und Initiativen der Stiftung.
Radolfzell, Fritz-Reichle-Ring 4 • Tel. 077 32/99 95 40 • www.bodensee-stiftung.org

Exkursionen in Ried und Delta

Die Wildnis am Bodensee zugleich zugänglich zu machen und zu schützen, das haben sich Umweltschützer aus allen drei Anliegerländern gleichermaßen zum Ziel gesetzt. Wildnis am Bodensee bieten die drei größten Naturschutzgebiete am See:

Landliebe und Sommerfrische: Bei Familie Kirnbauer im Lindauer Hotel Martinsmühle (▸ S. 17) finden vor allem Familien ihr »grünes« Urlaubsglück.

800 ha groß ist das **Wollmatinger Ried.** Es liegt zwischen Konstanz, der Reichenau und Allensbach. Zahlreiche Vögel haben hier ihr Reservat. Seit 1979 wird das Ried von der NABU-Gruppe Konstanz betreut, die regelmäßig naturkundliche Führungen und Seminare anbietet.

Das **Rheindelta** umfasst 700 ha. Es liegt zwischen dem Alten Rhein, Höchst und Hard. Die größte Flussmündung Europas ist Schutzraum für viele vom Aussterben bedrohte Tier- und Pflanzenarten. Der Naturschutzverein bietet spannende Exkursionen und interessante Vorträge an.

Das **Eriskircher Ried** hat eine Fläche von 550 ha und befindet sich östlich von Friedrichshafen. Veranstaltungen wie etwa Vogelstimmenführungen oder – als besonderes Erlebnis – eine Seefahrt auf der altertümlichen Lädi-

ne entlang des Rieds bieten vielfache Möglichkeiten, sich der Wildnis am Bodensee zu nähern.

Informationen und fachkundige Führungen erhalten Sie bei den Naturschutzzentren vor Ort oder in den jeweiligen Touristeninformationen.

– Naturschutzzentrum
Wollmatinger Ried   ▸ S. 117, F 3
Reichenau, Kindlebildstr. 87 •
Tel. 0 75 31/7 88 70 • www.nabu-wollmatingerried.de

– Naturschutzverein Rheindelta
                               ▸ S. 121, E 9/10
Hard, Im Böschen 25 • Tel. 0 55 78/ 7 44 78 • www.rheindelta.org

– Naturschutzzentrum Eriskirch
                               ▸ S. 118/119, C/D 7
Eriskirch, Bahnhofstr. 24 (im ehemaligen Bahnhofsgebäude) • Tel. 0 75 41/8 18 88 • www.naz-eriskirch.de

Einkaufen
Von der Vielfalt rund um den See profitieren die Urlaubsgäste auch beim kulinarischen Einkaufsbummel. Qualität und Frische sind garantiert, nicht nur auf den malerisch anmutenden Wochenmärkten.

◄ Käseparadies Bregenzerwald: Die »Käsestraße« (▶ S. 15) lockt mit Kostproben in zahlreichen Molkereibetrieben.

Fisch ist wohl das Passendste, was man sich selbst und Freunden von einem Urlaub am »Schwäbischen Meer« mitbringen kann. Damit er die Reise unbeschadet übersteht, kann man ihn fast überall auch vakuumverpackt erwerben. In den Orten rings um den Bodensee gibt es zahlreiche Fischhandlungen, die fangfrische Fische anbieten.

Direkt vom Erzeuger

Knackigen Spargel gibt es von April bis Ende Juni, vielerorts im Direktverkauf. Sie können dort häufig auch andere Lebensmittel wie Eier und Geflügel kaufen. Im Sommer kommen Erdbeeren und viele weitere Obstsorten dazu.

Eine besondere kulinarische Spezialität hält St. Gallen bereit: Dort können Sie gehaltvolle Lebkuchen, **Biber** genannt, erstehen (▶ S. 72). Diese gibt es in diversen Größen, Formen und mit verschiedensten Aufdrucken. Das Originalrezept dieser süßen Köstlichkeit ist ein wohlgehütetes Geheimnis.

Das Leben sei zu kurz, um schlechten Wein zu trinken, soll Goethe einst gesagt haben. Ob er **Bodenseewein** kostete, ist nicht überliefert. Doch nach heutigen Kriterien gehört dieser zum Besten, was die Region zu bieten hat – eine gute Gelegenheit also, den heimischen Weinkeller mit ein paar edlen Tropfen aufzustocken. Das Gleiche gilt auch für **Vorarlberger Bergkäse**, einen feinwürzigen Hartkäse aus Rohmilch. Auf einer hundert Kilometer langen »Käsestraße« (www.kaesestrasse.at) durch den Bregenzerwald können Sie 30 Käsesorten testen und kaufen. Bei Käse ist natürlich auch die Schweiz zu nennen. Der **Appenzeller** ist weltberühmt. Aber auch aus der unmittelbaren Umgebung des Bodensees kommt hervorragender Bergkäse.

Beliebte Souvenirs aus dem Bodenseeraum sind auch Nachbildungen von **Heiligenfiguren**, die der katholischen Tradition der Landschaft entstammen. So können Sie zum Beispiel den »Honigschlecker«, der als frecher Engel in der Birnauer Wallfahrtskirche zu bewundern ist, als kleine Kopie kaufen und zur Erinnerung mit nach Hause nehmen.

Boot oder Reitpferd?

Freizeitsport und selbstverständlich an erster Stelle Wassersport spielen am See eine sehr wichtige Rolle. Entsprechend gibt es ein großes und qualitativ hochwertiges Angebot in diesem Bereich. Augenscheinliches Beispiel ist die jährliche Bootsmesse »Interboot« in Friedrichshafen (▶ S. 24). Die Bodenseeregion ist eine gute Adresse zum **Bootskauf** – oder zumindest, um mal einen Blick zu riskieren – und um sich über Neu- und Gebrauchtboote zu informieren. Wer Ersatzteile sucht, wird hier fündig.

Mountainbiker, Trekking-Radfahrer oder Downhill-Fans können in den gut sortierten Radgeschäften der Region die neuesten Trends bestaunen. Das Hinterland des Bodensees ist Pferdeland; Informationen über Zubehör oder gar ein Reitpferd holen Sie sich am besten bei den empfohlenen Pferdeställen.

Empfehlenswerte Geschäfte und Märkte finden Sie bei den Orten im Kapitel ▶ **Unterwegs am Bodensee.**

Feste und Events

Zu jeder Jahreszeit ist am See etwas geboten. Im Festkalender drängen sich Kulturevents, Sportveranstaltungen, religiöse Prozessionen und international bekannte Festivals.

◄ Die Larve (lat. böser Geist, Gespenst), Utensil zur Fasnacht (▶ S. 23), erinnert an die Sterblichkeit des Menschen.

FEBRUAR
Alemannische Fasnacht

Die schwäbisch-alemannische »Fasnet« beginnt rund um den See traditionell am Dreikönigstag, die eigentliche Fasnacht findet allerdings am »schmotzigen« (Konstanz), auch »gumpiga« (Bregenz) »Dunstig« statt. Wobei »schmotzig« das Fett, in dem die Fasnetsküchle ausgebacken werden, und »gumpig« unsinnig bedeutet. Hochburgen der Fasnacht am deutschen Seeufer sind Überlingen (▶ MERIAN-Tipp, S. 55), Singen und Konstanz, in Österreich Bregenz, in der Schweiz St. Gallen, Winterthur, Schaffhausen und Ermatingen. In der Schweiz endet die Fasnet nicht am Aschermittwoch. Wer also weiterfeiern will, macht sich zur Straßen- und Beizenfasnacht in die Schweiz auf.
www.narren-spiegel.de

MÄRZ/APRIL
Bregenzer Frühling

Den Auftakt der Kultursaison am See liefert das österreichische Ufer. Das Festspielhaus Bregenz ist in den Monaten März bis Mai Hauptspielort von experimentellem und klassischem Tanztheater.
www.bregenzerfruehling.at

Appenzeller Landsgemeinde

Seit 1378 wird am letzten Aprilsonntag auf dem Landsgemeindeplatz direkte Demokratie praktiziert. Sämtliche stimmberechtigten Frauen und Männer bestellen und vereidigen an diesem Festtag ihre oberste Behörde, wählen den Landammann und die Mitglieder des Kantonsgerichts.

Markusfest, Reichenau

Das traditionelle Inselfest auf der Reichenau beginnt morgens mit der Parade der Bürgerwehr auf dem Münsterplatz, es folgen das Hochamt im Münster und eine Prozession.
25. April

MAI
Bodenseefestival

Von Mitte April bis Mitte Mai findet das internationale Festival an verschiedenen Standorten rund um den See statt. Zahlreiche Konzerte, Ausstellungen, Theater und Literaturveranstaltungen.
Tel. 0 75 41/2 03 33 00 •
www.bodenseefestival.de

Schwedenprozession, Überlingen

Überlingen, im Dreißigjährigen Krieg von der drohenden Zerstörung durch die Schweden verschont, feiert dies seit 1634 jeweils am zweiten Sonntag im Mai und im Juli mit einer Prozession.

Schaffhauser Jazzfestival

Das Festival hat sich zu einer der wichtigsten Plattformen des Schweizer Jazz entwickelt. Vier Tage lang, originell, eigensinnig, hörenswert.
www.jazzfestival.ch

Blutfreitag, Weingarten

Die Katholiken erbitten am Feiertag nach Christi Himmelfahrt den Jahressegen des Heiligen Blutes Jesu Christi. Der Brauch geht zurück auf eine durch die Welfen gestiftete Reliquie. 3000 Reiter ziehen ihr zu Ehren durch die Stadt. Auch der Vorabend ist eindrucksvoll. Etwa 30 000 Pilger marschieren in einer Lichterprozession von der Basilika auf dem Martinsberg zum Kreuzberg.

Schubertiade

Die malerischen Orte Schwarzenberg und Bezau im Bregenzerwald sind von Mai bis Oktober Veranstaltungsorte von Kammerkonzerten, Lieder- und Klavierabenden sowie von Orchesterkonzerten.
Tel. 0 55 76/7 20 91 •
www.schubertiade.at

JUNI

Heilig-Blut-Fest, Reichenau

Am höchsten Reichenauer Feiertag gedenken die Inselbewohner des Jahres 925, als der Abtei ein Abtskreuz aus Byzanz mit Blut Christi geschenkt wurde.
Eine Woche nach Pfingstmontag

JULI

Meersburger Schlosskonzerte

Bis September ertönt klassische Musik im Spiegelsaal des neuen Schlosses in Meersburg.
Tel. 0 75 32/44 04 00 •
www.meersburg.de

Bregenzer Festspiele

Die weltgrößte Seebühne lockt mit spektakulären Opern jährlich über 200 000 Zuschauer zu einem der sommerlichen Top-Events am See.
Ticket Center Bregenz: Tel. 0 55/74 40 76 • www.bregenzerfestspiele.com

Hohentwielfest, Singen

Die Festungsruine bei Singen ist Veranstaltungsort eines der ältesten Freiluftfestivals der Bodenseeregion mit Rock-, Pop- und Jazzkonzerten, Kleinkunst und einem Burgfest.
Ende Juli • www.hohentwielfestival.de

Mooser Wasserprozession

Alljährlich am Hausherrenmontag, dem dritten Sonntag im Juli, pilgern die Bewohner von Moos in geschmückten Booten nach Radolfzell.

Rutenfest, Ravensburg

Die Ravensburger Schulkinder ziehen in einer traditionsreichen Prozession durch die Stadt.
Ende Juli/Anfang August •
www.rutenfest.de

AUGUST

Seenachtfest

Die Nachbarstädte Konstanz und Kreuzlingen feiern in schweizerisch-deutscher Koproduktion das wohl bekannteste Sommerfest am See.
2. Samstag im August •
www.seenachtfest.com

Sandskulpturenfestival, Rorschach

Das schweizerische Rorschach bietet bei diesem internationalen Festival Sandkunst vom Feinsten.
2. Woche im August •
www.sandskulpturen.ch

SEPTEMBER

Interboot, Friedrichshafen

Ein Muss für Segel- und Motorbootfans, Taucher und Surfer.
www.interboot.de

NOVEMBER

Regatta der Eisernen, Konstanz

Kieljachten und Jollen ermitteln im eiskalten Wasser vor Konstanz den letzten Regattagewinner des Jahres.
Weitere Bodenseeregatten unter
www.dsmc.de

DEZEMBER

Weihnachtsmarkt in Konstanz

400 000 Besucher zählt der funkelnde Christkindlmarkt an den Dezembertagen vor Weihnachten.

Erlebe das Besondere mit MERIAN *live!*

MERIAN
Die Lust am Reisen

Sport

Die Sport- und Erlebnisangebote auf, im und um den See sind vielfältig und gehen weit über den Wassersport hinaus. Dabei lassen sich Kultur- und Naturerleben wunderbar mit einem Aktivurlaub kombinieren.

◀ Wer sportliche »Kul-Touren« liebt, kommt am Bodensee in Fahrt – hier bei der Wallfahrtskirche Birnau (▶ S. 57).

Der drittgrößte See Mitteleuropas lädt dazu ein, sich auch selbst einmal als Freizeitkapitän zu versuchen. Doch nicht nur im Wasser, sondern auch zu Lande können die Urlaubsgäste aktiv werden.

ANGELN

Besonders Erfolg versprechende Regionen für Uferangler sind der Küstenstrich zwischen Bregenz und Lindau sowie die Insel Lindau. Ebenfalls gute Bereiche sind die Flussmündungen der Rotach, der Schussen und der Argen sowie die Hafenmolen der Städte. Am gesamten Bodenseeufer sind befristete Erlaubnisscheine obligatorisch.

BALLONFAHREN

Ballonfahrten über Bodensee, Allgäu und Alpen bieten:

Bruno Nägli   ▶ S. 118, B 8
Thurgau, Kesswil • Tel. 0 71/4 63 31 53 • www.ballonfahrten-naegeli.ch

Elsa Schwörer   ▶ S. 118, C 7
Friedrichshafen, Dietostr. 11 • Tel. 0 75 41/3 12 80 • www.ballonfahrten-bodensee.de

Günter Schabus   ▶ S. 121, E 12
Vorarlberg, Klaus, Bruderhof 12 a • Tel. 0 55 23/5 11 21 • www.ballooning. at

GOLF

Schnupperkurse bietet der Golfclub Owingen-Überlingen (Hofgut Lugenhof, Tel. 0 75 51/8 30 40), für Nichtmitglieder interessant ist die Driving Range des Golfplatzes im Thurgauer Erlen 15 km westlich der Ortschaft Romanshorn in der Schweiz (Tel. 0 71/6 48 29 30).

INLINESKATEN

Schöne Routen gibt es am Untersee von Allensbach bis Radolfzell. In der Schweiz ist die Strecke von Stein am Rhein bis Ramsen zu empfehlen, spannend auch der Weg zwischen Bad Ragaz und St. Margrethen. www.bodensee-skating.de

RADFAHREN

Der Klassiker unter den Radwanderungen ist der 120 km lange Bodensee-Radweg. Die Bodenseeregion bietet auch für Mountainbiker viele Fahrradstrecken. In der Ostschweiz ist dies etwa die Mittelland-Route von Romanshorn nach Winterthur. In Deutschland lockt der Bodanrück und in Österreich der Pfänder.

SCHWIMMEN

54 Strandbäder, teilweise kombiniert mit Freibädern, zählt der Bodensee. In Konstanz, Überlingen und Meersburg gibt es Thermalbäder.

SEGELSCHULEN UND BOOTSCHARTER

Einen Überblick über sämtliche Anbieter gibt es auf der Website www.bodensee.news.ch.

TAUCHEN

Die Ausübung des Tauchsports am See ist gefährlich und streng reglementiert. Eine erfahrene Tauchschule ist die Tauchbasis in Meersburg (Von-Lassberg-Str. 1, Tel. 0 75 32/ 92 77, www.tauchschule-meersburg. de). Umfangreiche Infos zu Tauchplätzen und Tauchschulen finden Sie unter www.truesche.com.

Familientipps
Mit Familienparks, Hochseilgarten, Übernachten im Indianer-Tipi und dem »größten Spielzimmer der Welt« ist die Bodenseeregion bestens auf die kleinen Gäste eingestellt.

◀ Wie Alice im Wunderland fühlen sich Kids im Ravensburger Spieleland (▶ S. 30).

Abenteuerland Walter Zoo
▶ S. 120, A 10

Über 100 Tierarten, ein Varieté-Theater und ein Zirkuszelt erwarten die kleinen und großen Besucher. Weitere Attraktionen im Abenteuerland sind Kamel- und Ponyreiten sowie ein Urwald-Tropenhaus. Ein besonderes Erlebnis ist das »Nachtschwärmerprogramm«: Es bietet Familien die Möglichkeit, in einem Indianer-Tipi die Nacht inmitten des Zoos zu verbringen.
Gossau (10 km von St. Gallen) • Tel. 0 71/3 85 29 77 • www.walterzoo.ch • März–Okt. tgl. 9–18.30, Nov.–Feb. 9–17.30 Uhr • Eintritt 18 CHF, Kinder bis 15 J. 9 CHF

Abenteuerpark Immenstaad
▶ S. 118, B 7

Familien mit älteren Kindern können im Hochseilgarten bei Immenstaad Abenteuer mit Netz und doppeltem Boden erleben. Neun Parcours mit unterschiedlichen Aufgaben und Schwierigkeitsgraden stehen zur Auswahl.
3 km nördlich von Immenstaad, Am Klötzenen Forst • Tel. 0 75 45/94 94 62 • www.abenteuerpark.com • Mitte Mai–Mitte Sept. tgl. 9–19 Uhr, April und Okt. verkürzte Eintrittszeiten • Eintritt 19 €, Jugendliche ab 16 J. 17 €, Kinder von 8–15 J. 14 €, reduzierte Familienpreise

Affenberg Salem
▶ S. 118, A 6

Unglaublich, aber wahr! Im Linzgau, wenige Kilometer von Salem entfernt, leben 200 Berberaffen auf einem Freigelände. Weitere Attraktionen sind Damwild und Störche. Und alles ohne störende Gitter – wenn man denn vom Gitter rund um das Gesamtgelände absieht.
Tipp: Falls Sie gut zu Fuß sind, verbinden Sie doch den Besuch des Affenbergs mit einer Wanderung über den Prälatenweg von der etwa 3 km entfernten Kloster- und **Wallfahrtskirche Birnau** ✳ (▶ S. 57) aus .
Salem • Tel. 0 75 53/3 81 • www.affenberg-salem.de • Mitte März–Ende Okt. tgl. 9–18 Uhr • Eintritt 7,50 €, Kinder bis 15 J. 4,50 €, Familien 19 €

Conny-Land
▶ S. 117, E 3

Der größte Freizeitpark der Schweiz ist bei großen wie kleinen Besuchern vor allem wegen seiner spektakulären Tiershows bekannt. Papageien, Seelöwen und Delfine zeigen hier ihre Künste. Hauptanziehungspunkt des Parks ist zweifellos Europas größte Freiluft-Lagune für Delfine – eine dem natürlichen Lebensraum der Tiere weitgehend real nachgebaute Wasserlandschaft, die 80 m lang, 30 m breit und bis zu 6 m tief ist. Das sind gute Bedingungen für vier erwachsene Delfine und ihre drei in der Lagune geborenen Babys Magic, Shadow und Angel. Die großzügige Anlage ist regelmäßig Schauplatz rasanter Vorführungen von Mensch und Tier. Riesenrutschbahn, Wildwasserbahn, Dino-Park, Streichelzoo und Parktheater mit mittelalterlichem Flair sowie spektakuläre Fahrgeschäfte und weitere Attraktionen auf dem Gelände.
Lipperswil, am Ortsausgang, zwischen Kreuzlingen und Frauenfeld • Tel. 0 52/7 62 72 72 • www.conny-land.ch • April–Mitte Okt. tgl. 10–18 Uhr • Eintritt 28 CHF, Kinder von 3–14 J. 25 CHF

Grüne Schule Mainau

▸ S. 118, A 6

Praktischen Biologieunterricht für Gruppen ab etwa fünf Kindern bietet das »Grüne Klassenzimmer« auf der Blumeninsel im Überlinger See. Aber nicht nur im Gewächshaus, auch im inseleigenen Schulgarten können Kinder erfahren, wie ein Samenkorn wächst oder ein Ableger von einer Pflanze gezogen wird. Das sind Naturerfahrungen aus erster Hand. Und wenn die Kinder dann noch barfuß und mit verbundenen Augen vom Naturerlebnispfad durch den Inselwald streifen, sind tatsächlich alle Sinne gefordert.

Neben erlebnispädagogischen Führungen starten Ende April die Mainauer Jugendspiele, im Juni findet jährlich ein Mittsommer-Fest für Kinder statt.

Insel Mainau • Tel. 0 75 31/30 32 63 • www.gaertnern-fuer-alle.de

Kinderbücherei Konstanz

▸ Klappe hinten, b 4

Leseratten steigen in Konstanz in den vierten Stock der Stadtbücherei. Direkt unterm Dach gibt es mehr als 15 000 Bücher, Kassetten, CDs, Videos und CD-Roms. Zwei Internet-PCs stehen ausschließlich Kindern und Jugendlichen zur Verfügung.

Konstanz, Wessenbergstr. 39 (Kulturzentrum am Münster) • Tel. 0 75 31/90 09 53 • Di–Fr 10–18.30, Sa 10–14 Uhr

Mini-L.A.

▸ S. 119, D 7

In den Sommerferien findet jährlich das Mini-L.A. in Langenargen statt. Kinder von acht bis 13 Jahren können an sechs Tagen in einer eigenen Stadt arbeiten, essen und einkaufen.

Langenargen • www.langenargen.de

Ravensburger Spieleland

▸ S. 119, D 6

Von Käpt'n Blaubärs Gummikutter und Hein Blöds Dummfischbude bis hin zur Moorhuhnjagd, dem 3-D-Kino und dem Alpin-Rafting – hier findet sich für jeden Geschmack etwas. Das »größte Spielzimmer der Welt« ist ideal für Familien mit kleineren Kindern. Sieben Themenwelten, von der grünen Oase mit Schwäbischer Eisenbahn, Heustadel und Melkspiel bis hin zum Mitmachland, setzen weniger auf atemberaubende Sensationen als auf das Miteinanderspielen und -erleben.

Liebenau/Meckenbeuren (zwischen Ravensburg und Friedrichshafen), Am Hangenwald 1 • Tel. 0 75 42/40 00 • www.ravensburger.de/spieleland • April, Sept., Okt. tgl. 10–18, Mai–Aug. tgl. 10–19 Uhr • Eintritt 23,50 €, Kinder ab 3 J. 21,50 €, Geburtstagskinder bis 14 J. frei

Reiterhof »Frieden«   ▸ S. 117, D 1

Im Bodensee-Hinterland gibt es zahlreiche Pferde- und Ponyhöfe, die Angebote für Kinder und Familien bereithalten. Der Reiterhof »Frieden«, geführt von Familie Nusser, bietet seit 30 Jahren eine sehr persönliche Betreuung mit Ausritten ins Umland. 20 Pferde und 15 Ponys warten auf Kinder und Jugendliche und natürlich auch auf die begleitenden Erwachsenen.

Stockach-Wahlwies, Leonhardstr. 59 • Tel. 0 77 71/35 98 • www.reiterhof-frieden.de

Tipi am Bodensee   ▸ S. 119, E 7

Ein beliebter Programmpunkt des Freizeitlager-Veranstalters »tibo« ist ein dreitägiges Erlebniscamp für Väter und/oder Mütter mit Kindern ab

Auf dem Affenberg bei Salem (▶ S. 29) leben 200 Berberaffen. Die possierlichen Tiere sind sehr zutraulich und können sogar gefüttert werden.

6 Jahren. Lagerfeuer und Übernachten im echten Tipi inklusive! Ein weiteres Highlight ist das Ferienfreizeitlager »Indianerleben« für Kinder ab 9 Jahren.
Neukirch, Mühlstr. 19 • Tel. 0 75 42/9 38 72 97 • www.tipi-bodensee.de

Vorarlberger Kinderzauber
▶ S. 121, südl. E 12

Der Vorarlberger Kinderzauber mit einem Schokoladenfest in Bludenz als Höhepunkt zieht jedes Jahr mehr als 40 000 Kinder und Jugendliche in die Ferienorte Vorarlbergs. Geboten werden Spiele, Basteln, ein Indianerfest und Erlebniswanderungen.
www.bludenz.travel

Wild- und Freizeitpark Allensbach
▶ S. 117, E 2

Bären, Wölfe und Wisente, insgesamt etwa 400 Tiere, leben auf einem Gelände von 74 ha am Bodanrück.

Eine gute Gelegenheit für Kinder und Jugendliche, eine Menge zu erleben. Abenteuerspielplatz, Kettcar-Parcours, Streichelzoo und Kleintierhaus sind bei den Besuchern besonders beliebt. Für große wie kleine Gäste interessant sind die täglichen Vorführungen der Falkner und ein Naturgarten mit Heilpflanzen. Man kann im Wildpark auch übernachten: Es stehen Gästezimmer und Ferienapartments, inklusive freiem Eintritt zum Park, zur Verfügung.
Allensbach, zwischen Markelfingen und Kaltbrunn, Gemeinmärk 7 • Tel. 0 75 33/93 16 19 • www.wildund freizeitpark.de • Mai–Sept. tgl. 9–18, Okt.– April tgl. 10–17 Uhr • Eintritt 7 €, Kinder von 4–16 J. 5 €, Geburtstagskinder frei

---

Weitere Familientipps sind durch dieses Symbol gekennzeichnet.

Zeugen vorgeschichtlicher Besiedlung
des Bodensees: Nachbauten steinzeit-
licher Seehäuser im Pfahlbaumuseum
Unteruhldingen (► S. 57).

Unterwegs
am Bodensee

Traditionsbewusst und doch weltoffen präsentiert sich
die Bodenseeregion mit malerischen Landschaften,
idyllischen Dörfern und lebendigen Städten.

Nördliches Seeufer

Das Obersee-Nordufer bietet den exklusivsten Blick auf den See – und auf ein großartiges Alpenpanorama mit sonnenbeschienenen Berghängen und schneebekrönten Gipfeln.

◄ Stolz und selbstbewusst wie der bayerische Löwe am Hafen präsentiert sich Lindau (▸ S. 41) seinen Gästen.

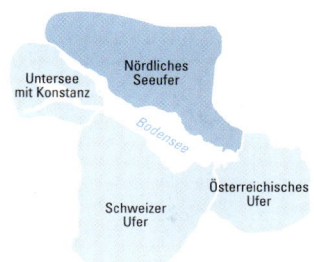

Prächtige Klöster in den Tälern des Hinterlandes, auf den Hügeln Schlösser mit Panoramablick, die an vergangene Fürstenpracht erinnern – so präsentiert sich das Nordufer des Bodensees. Die üppige Kulturlandschaft wird ergänzt durch die Fruchtbarkeit der Natur. In dieser Region wachsen die meisten Äpfel am See, an den Sonnenhängen gedeiht bester Bodenseewein. Nicht umsonst sah der Stuttgarter Dichter Gustav Schwab (1792–1850) hier »einen der glücklichsten Standpunkte des schwäbischen Ufers«.

Friedrichshafen ▸ S. 118, C 7
58 000 Einwohner
Stadtplan ▸ S. 37
Eine halbe Million Übernachtungen, die nagelneue Zeppelin-Universität und die Zeppelin-Werft mit Rundflügen, die Auslobung zur hochmodernen T-City: Es hat sich viel getan, seit König Friedrich von Württemberg Friedrichshafen 1811 gründete. Die zweitgrößte Stadt am See zeigt sich nach ihrer fast völligen Zerstörung 1944 – Friedrichshafen war aufgrund seiner kriegswichtigen Rüstungsunternehmen Ziel alliierter Bombenangriffe – als ein attraktiver Ort mit zuvorkommenden Menschen und zahlreichen Sehenswürdigkeiten.

SEHENSWERTES
Eriskircher Ried ▸ S. 37, östl. f 2
Einer der schönsten Abschnitte am Nordufer des Sees befindet sich zwischen Rotach- und Schussenmündung. Das Ried ist seit 1939 Naturschutzgebiet (▸ S.19). Ein Naturschutzzentrum im ehemaligen Bahnhof Eriskirch 5 km östlich von Friedrichshafen erklärt in einer Dauerausstellung (Di–So 14–17, Fr auch 9–12 Uhr) die Entstehung des Rieds und stellt die darin lebenden Pflanzen und Tiere vor.
www.naz-eriskirch.de

Schloss und Schlosskirche
▸ S. 37, b 3
Am Westende der Uferpromenade bildet die Schlosskirche mit ihren zwei 54,9 m hohen Kuppeltürmen das weithin sichtbare Wahrzeichen der Stadt. Sie steht auf dem Gelände des 1085 gegründeten Benediktinerklosters Hofen. Das heutige Erscheinungsbild von Kirche und Klosteranlage gestaltete der Vorarlberger Baumeister Christian Thumb. Im Auftrag der Benediktiner aus Weingarten erbaute er 1695 bis 1701 die Kirche St. Andreas und Pantaleon. Konventbau und Wirtschaftstrakt folgten bis 1707. Das Klostergebäude fiel als Schloss Friedrichshafen 1824 an das Haus Württemberg und diente als Sommersitz der württembergischen Könige, die Schlosskirche blieb Staatseigentum und ist seit 1812 Sitz der evangelischen Kirchengemeinde.
Direkt am See, Nähe Jachthafen

MERIAN-Tipp 2

STRANDBAD FISCHBACH
▶ S. 118, B/C 5

Eines der schönsten und kinder-
freundlichsten Freibäder am See
ist das Fischbacher Strandbad
7 km westlich von Friedrichshafen. Sandstrand, Liegewiese, Kin-
derbecken und Breitrutsche gehören zu den Annehmlichkeiten.
Fischbach, Strandbadstr. 11 • Tel.
0 75 41/4 17 71 • tgl. 9–20 Uhr

Zeppelin-Reederei
▶ S. 37, nördl. d 1

Seit Neugründung der Zeppelin-
Reederei 2001 vermarktet die Flug-
gesellschaft Rundflüge mit dem in
Friedrichshafen gebauten Zeppelin
NT. Mit ihrer neuen Technologie –
einem halb starren, heliumgefüllten
Flugkörper – sind die Luftschiffe die
weltweit größten und modernsten
ihrer Art.
Zeppelinhalle, zwischen Messe und
Flughafen Friedrichshafen, Allmanns-
weilerstr. 132
– Flugbuchung: Tel. 0 75 41/
59 00 0 (12 Ct./Min.) • Flug Friedrichshafen 200 €, weitere Themen-
flüge ab 295 €
– Werftführungen: April–Okt. Di u. Fr
17 Uhr; bis 14 Uhr anmelden unter
Tel. 0 75 41/5 90 03 43 • www.
zeppelinflug.de • Ticket 9 €,
Kinder 5 €

MUSEEN

Dorniermuseum
▶ S. 37, östl. f 2

Hundert Jahre Luft- und Raum-
fahrtgeschichte verbinden sich im
modernen Museumsbau direkt am
Flughafen zu einer gelungenen Aus-

stellung. Zahlreiche Originalflug-
zeuge finden in dem einem Hangar
nachgebildeten Museumsbau Platz.
Claude-Dornier-Platz 1 • Tel. 0 75 41/
70 05 60 0 • www.dorniermuseum.
de • Mai–Okt. tgl. 9–17, Nov.–April
Di–So 10–17 Uhr • Eintritt 9 €,
Kinder 4,50 €, Familienkarte 20 €,
es wird ein Kombiticket mit dem
Zeppelinmuseum angeboten

Schulmuseum 👫 ▶ S. 37, c 2

Die Ausstellungsräume im Stadtteil
Schnetzenhausen zeigen den Wandel
der Institution Schule anhand der
Geschichte der mittelalterlichen
Klosterschulen St. Gallen und Rei-
chenau sowie Schulzimmer aus dem
19. und 20. Jh. Weitere Themen des
auch für Kinder interessanten Muse-
ums sind der Schulalltag im Dritten
Reich, die Nachkriegszeit und mo-
derne Lehr- und Lernmethoden.
Friedrichstr. 14 • Tel. 0 75 41/3 26 22 •
April–Okt. tgl. 10–17, Nov.–März Di–
So 14–17 Uhr • Eintritt 3 €, Kinder 1 €

Zeppelinmuseum 1 ▶ S. 37, f 3

1996 im ehemaligen Hafenbahnhof
eröffnet, präsentiert das Haus die
weltgrößte Sammlung zur Geschichte der Luftschifffahrt. Hauptanziehungspunkt ist die Rekon-
struktion eines Teils des Innenraums
des ehemals größten Luftschiffes der
Welt, der 245 m langen »Hinden-
burg«. Bei einer Landung in Lake-
hurst, New Jersey, ging es 1937 in
Flammen auf – ein Schlag, von dem
sich die internationale Luftschifffahrt nicht mehr erholte.
Seestr. 22 • Tel. 0 75 41/3 80 10 •
www.zeppelin-museum.de • Di–So
9–17, Nov.–April 10–17 Uhr, Juli,
Aug., Sept. auch Mo geöffnet • Eintritt
7,50 €, Kinder 3 €

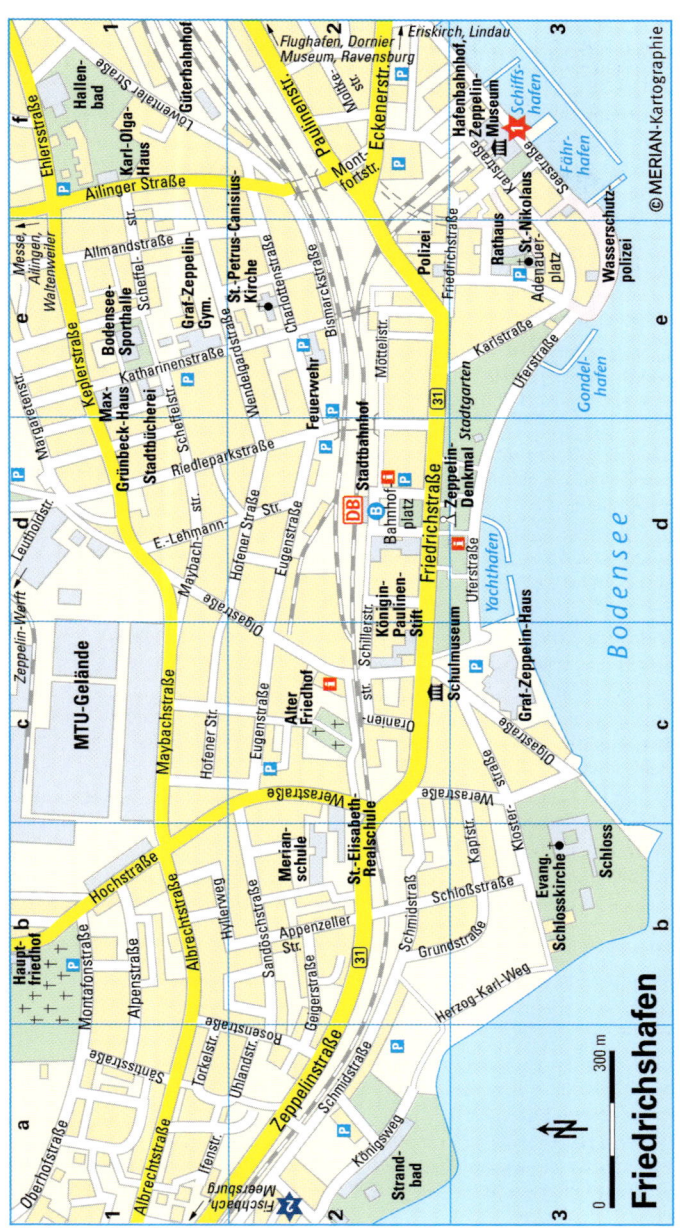

© MERIAN-Kartographie

Friedrichshafen

ÜBERNACHTEN/ ESSEN UND TRINKEN

Gerbe ♥♥ ▶ S. 118, C 6

Gastfreundlich und gemütlich • Einst war das Haus Teil des Klosters Kreuzlingen. Für Pferdefans gibt es den benachbarten Reitstall.
FN-Ailingen, Hirschlatter Str. 14 • Tel. 0 75 41/50 90 • www.hotel-gerbe. de • 60 Zimmer • ♞ • €€

Schloss der Künste ▶ S. 118, C 6

Künstlerisch-modern • Das einstige Wasserschloss aus dem 11. Jh. wurde von der Künstlerin Ingrid Rundel aufwendig renoviert. Gelungene Mischung aus historischer Bausubstanz, sehr moderner Ausstattung und guter Küche.
FN-Efrizweiler, Riedheimer Str. 8 • Tel. 0 75 44/24 21 • www. schlossderkuenste.de • 10 Zimmer • ♞ • €€

Traube am See ▶ S. 118, C 7

Mit neuem Wellnessbereich • Wenige Meter vom See lässt es sich in den freundlich und hell wirkenden Räumen wohl sein. Zum Freizeitangebot gehören ein 2009 modernisierter Bade- und Saunabereich sowie Ponyreiten und Kutschfahrten.
FN-Fischbach, Meersburger Str. 11 • Tel. 0 75 41/95 80 • www.traubeam see.de • 91 Zimmer • ♿ • ♞ • €€

AM ABEND

Bahnhof Fischbach ▶ S. 118, C 7

Livemusik, Kleinkunst, diverse Lesungen, lebhafte Partys und gutes Essen gibt es im ehemaligen Bahnhof in Fischbach, 6 km westlich von Friedrichshafen gelegen.
FN-Fischbach, Eisenbahnstr. 15 • Tel. 0 75 41/4 42 24 • www.bhffischbach. de • Mo–Fr 17–1, Sa 16–1, So 10–1 Uhr

Kulturhaus Caserne ▶ S. 37, nordwestl. a 1

Kleinkunst, Theater, Kino und regelmäßige Discos im Gebäudekomplex der ehemaligen Flak-Kaserne.
Fallenbrunnen 17 • Tel. 0 75 41/ 3 78 69 65 • www.caserne.de

SERVICE

AUSKUNFT

Touristinformation ▶ S. 37, d 2

Bahnhofsplatz 2 • Tel. 0 75 41/ 3 00 10 • www.friedrichshafen.info

VERKEHR

Im Stadtverkehr kostet die Einzelfahrkarte 1,70 €, eine Tageskarte 3,60 €. Stündlich besteht eine Katamaranverbindung nach Konstanz (9,50 €, ermäßigt 4,80 €), die Fahrt mit den Schiffen der BSB kostet 10,40 € nach Konstanz, 7,70 € nach Romanshorn, Kinder bis 15 Jahre zahlen jeweils die Hälfte.
www.stadtverkehr-fn.de

Ziele in der Umgebung

◎ Immenstaad ♥♥ ▶ S. 118, B 7

6125 Einwohner
Umrahmt von den Schlössern Kirchberg, Hersberg und Helmsdorf liegt der staatlich anerkannte Erholungsort am Bodensee.
18 km nordwestl. von Friedrichshafen

SEHENSWERTES

Lädine Immenstaad

Lädinen, historische Lastensegler, befuhren bereits im 15. Jh. den Bodensee. Seit 1999 hat der nach dem Immenstaader Dorfpatron »St. Jodok« benannte Nachbau 20 000 Gäste befördert.
Tel. 01 51/15 13 08 80 • www. laedine.de • Fahrten ab 11 €, Kinder ab 6 €

Oberschwabens Einkaufsstadt Ravensburg (▶ S. 39): Die hübschen Altstadtgassen haben sich ihren mittelalterlichen Charakter weitgehend erhalten.

◎ Ravensburg ▶ S. 119, D 5

50 000 Einwohner

Die »Stadt der Tore und Türme« im Schussental war im Mittelalter mit Stoffhandel sowie der Produktion von Papier und Leder erfolgreich. Große Handelsgesellschaften machten die Stadt zur wichtigsten Metropole zwischen Bodensee und Donau. Oberschwäbische Leinwand ging von hier aus nach ganz Europa. Weitgehend verschont von den Zerstörungen des Dreißigjährigen Krieges und Zweiten Weltkrieges, ist die Stadt heute lebendiges Zentrum der Region mit guten Einkaufsmöglichkeiten in malerischem mittelalterlichem Ambiente.

Das Wahrzeichen von Ravensburg, der »Mehlsack«-Turm (Sa, So 10–15 Uhr, Eintritt 1,50 €), verdankt seinen Namen dem hellen Verputz und der runden Form. Der Blaserturm (Mo–Fr 14–17 und Sa 10–15 Uhr, Eintritt 1,50 €) war Teil der Befestigung, bis er aufgrund der Stadterweiterung ins Zentrum rückte.

20 km nördl. von Friedrichshafen

MERIAN-Tipp   3

GASTHOF GEHRENBERG
▶ S. 118, B6

Auf einem der höchsten Berge des Linzgaus befindet sich das bekannte Wirtshaus Gehrenberg mit angeschlossenem Theaterstadl. Vom Biergarten genießt man eine herrliche Sicht auf Markdorf und die Bodenseelandschaft des Nordufers. Der Theaterstadl wird vom selben Besitzer wie der Bahnhof Fischbach (▶ S. 38) geleitet. Auf dem Programm stehen Kabarett, Theater, Musik und Kino.
Gehrenberg 1 • Tel. 0 75 44/ 7 22 89 • www.gehrenberg.de • Restaurant Di–Sa ab 17, So ab 10 Uhr • €€

MUSEEN
Humpis-Quartier
Das Quartier ist nach der Ravensburger Fernhandelsfamilie Humpis benannt. Im überdachten Innenhof zeigt das neu eröffnete Museumsareal in den Gebäuden eines der besterhaltenen spätmittelalterlichen Wohnquartiere Süddeutschlands vielfältige Exponate aus 1000 Jahren städtischer Kulturgeschichte.
Zwischen Marktstraße und Rossbachstraße • www.museum-humpisquartier.de • Di–So 11–18, Do 11– 20 Uhr • Eintritt frei

ÜBERNACHTEN
Waldhorn
Üppiges Frühstücksbuffet • Das traditionsreiche Hotel verbindet familiäre Atmosphäre mit hohem Standard. Die Kochkünste von Albert Bouley im dazugehörigen Gourmettempel haben Hotel und Restaurant international bekannt gemacht.
Marienplatz 15 • Tel. 07 51/36 12 0 • www.waldhorn.de • 33 Zimmer • ⌖ • €€€

ESSEN UND TRINKEN
Veitsburg
Schlemmen mit Aussicht • Schwäbische Köstlichkeiten kommen im 2010 neu eröffneten Restaurant hoch über den Dächern der Altstadt in moderner Variation auf den Teller. Im Sommer mit herrlichem Außenbereich; auch zu Fuß direkt von der Altstadt aus erreichbar.
Veitsburg 2 • Tel. 07 51/ 3 66 19 90 • www.restaurant-veitsburg.de • Mo– So 11–24 Uhr, warme Küche 11.30– 14 und 17.30–21.30 Uhr • €€

SERVICE
AUSKUNFT
Touristinformation
Kirchstr. 16 • Tel. 07 51/8 23 24 • www.ravensburg.de

◎ Weingarten   ▶ S. 119, E 5
23 500 Einwohner
Die Innenstadt Weingartens bietet um Münsterplatz, Kirchstraße, Karlstraße und Löwenplatz Gelegenheit zu einem Einkaufsbummel – falls Sie es einrichten können, kommen Sie am Mittwoch zum Wochenmarkt, der seit 1377 traditionell am Löwenplatz stattfindet. Hauptsehenswürdigkeit ist die Klosterkirche, der größte Barockbau nördlich der Alpen.
25 km nördl. von Friedrichshafen

SEHENSWERTES
Klosterkirche Weingarten
▶ S. 119, E 5
Imposant sind bereits die Doppelturmfassade sowie die Vierungskup-

pel, welche 1724 nach Plänen von Franz Beer und Kaspar Moosbrugger fertiggestellt wurde. Fresken des bayerischen Malers und Baumeisters Cosmas Damian Asam im Inneren der Kuppel schaffen den Eindruck eines von Heiligen bevölkerten Himmels. Aber auch das einzigartige Chorgestühl von Joseph Anton Feuchtmayer, die Stuckaturen von Franz Schmuzer und die Orgel von Joseph Gabler verdeutlichen, dass es sich bei dieser berühmten Kirche um ein Hauptwerk des süddeutschen Barock handelt.

Lindau   ▶ S. 121, E 9

24 000 Einwohner

Stadtplan ▶ S. 43

Blauweiße Rauten, wohin man auch blickt: An der Lindauer Bucht ist der Bodensee bayerisch. Die einstige Fischersiedlung und römische Niederlassung liegt durch ihre Insellage geschützt an den Verkehrswegen zwischen Zürich und München, Straßburg und Innsbruck. Eine Tatsache, die seit 2000 Jahren Wohlstand und Aufgeschlossenheit garantiert – den Bewohnern merkt man ihr ruhiges Selbstbewusstsein an. Autobrücke und Eisenbahndamm verbinden die Inselaltstadt mit dem Festland. Trotzdem, die Inselstimmung bleibt und macht die Stadt zu einem ganz besonderen Ort im See. Dies sehen auch zahlreiche Nobelpreisträger so und besuchen Lindau seit 1951 alljährlich zu einem Austausch mit Nachwuchswissenschaftlern.

Die ehemalige Freie Reichsstadt zählt jährlich rund eine Million Besucher aus nah und fern. Auch sie zieht das südliche Flair der Straßen und Gassen an. Mächtige Patrizierhäuser säumen die Plätze der Stadt.

SEHENSWERTES

Altes Rathaus   ▶ S. 43, c 2

Das Haus wurde 1422–1436 erbaut. 1496 fand ein Reichstag im gotischen Saal des Gebäudes statt. Im Erdgeschoss befindet sich das Stadtarchiv mit Schriftstücken, die bis ins 14. Jh. zurückreichen. Die Fassade zeigt Bilder aus der Geschichte Lindaus.
Bismarckplatz

Peterskirche   ▶ S. 43, b 2

Die älteste Kirche Lindaus (12. Jh.) und eines der ältesten Bauwerke des Bodenseeraums zeigt Fresken von Hans Holbein dem Älteren.
Schrannenplatz

MUSEEN

Stadtmuseum   ▶ S. 43, c 1/2

Das Lindauer Stadtmuseum befindet sich im **Haus zum Cavazzen**, einem der schönsten Bürgerhäuser am See. Es wurde nach einem Brand 1730 vom Appenzeller Baumeister Grubenmann neu errichtet. Auf vier Stockwerken sind Kunst und Kultur der einst freien Reichsstadt zu besichtigen. Besonders interessant ist die Abteilung mit der Sammlung Kalina, die eine Vielzahl an mechanischen Musikinstrumenten vom Metallplattenspieler bis zum mechanischen Klavier präsentiert.
Marktplatz 6 • Tel. 0 83 82/27 75 65 14 • April–Okt. Di–Fr und So 11–17, Sa 14–17 Uhr • Vorführungen der Instrumente tgl. 14.15 und 15 Uhr

SPAZIERGANG

Stadtplan ▶ S. 43

Der Spaziergang beginnt am Neptunbrunnen des Marktplatzes vor der evangelischen Stephans- und der katholischen Stiftskirche. Diese war einst Sitz des freiweltlichen

MERIAN-Tipp 4

RESTAURANT VILLINO

▸ S. 121, E 9

»Schwäbisches Venedig« wurde Lindau bereits im 16. Jh. genannt. Und fast kommt es einem vor, als ob es sich Familie Fischer zur Aufgabe gemacht hätte, diese Aussage im 21. Jh. zu bestätigen. Oberhalb von Bad Schachen am Hoyerberg befindet sich ihr kleines Restaurant und Hotel. Der Weg lohnt sich: Zwischen hohen Bäumen präsentiert sich das Haus im italienischen Landhausstil. Sei es nun ein stimmungsvolles Abendessen – toskanisch und haubengekrönt – im märchenhaft gepflegten Garten oder aber ein – zugegebenermaßen kostspieliger – Wochenendaufenthalt an den Hängen Lindaus: Das Villino ist ein ganz besonderes Erlebnis.
Lindau, Hoyerberg 34 • Tel. 0 83 82/ 9 34 50 • www.villino.de • Restaurant: tgl. ab 18 Uhr • €€€ • Hotel: 16 Zimmer • 🐾 • €€€

Damenstifts. Gegenüber den Kirchen befindet sich das reich verzierte **Haus zum Cavazzen**. Vom Marktplatz gelangen Sie über die Linggstraße vorbei am Stadttheater zum Seehafen. Der alte Leuchtturm, auch Mangturm genannt, erhebt sich vor Ihnen. Zahlreiche Hafencafés laden zu einer Rast ein. Falls Sie etwas Zeit haben, empfiehlt sich ein Gang zur Löwenmole mit dem bayerischen Löwen – seit Napoleons Zeiten ist die Stadt bayerisch. Auch der Weg zur Leuchtturmmole mit dem neuen Leuchtturm lohnt. Von dort haben Sie einen schönen Blick auf Stadt und Hafenszenerie. Wenn Sie sich umdrehen, können Sie das grandiose Massiv der Schweizer und der österreichischen Alpen bewundern. Über den Reichsplatz mit dem Lindavia-Brunnen gelangen Sie zum **Alten Rathaus**. Auf der verkehrsfreien Maximilianstraße führt Sie ein kleiner Abstecher zur Ecke Bürstergasse, wo der Kinderfestbrunnen an ein wichtiges Ereignis erinnert: Nach glücklich überstandener Belagerung im Dreißigjährigen Krieg führte Ratsherr Valentin Heider 1655 eine jährliche Schulpredigt sowie die tägliche Schulspeisung ein, um den Eltern die Bedeutung eines regelmäßigen Schulbesuchs nahezubringen. Jedes Jahr erinnert seitdem ein großes Kinderfest im Juli an dieses Ereignis. Von hier geht Ihr Weg über die Maximilianstraße vorbei an Laubengängen und Patrizierhäusern zur Zeppelinstraße, von der Sie zu Schrannenplatz und **Peterskirche** gelangen. Neben dem Gotteshaus erhebt sich der Diebsturm. Über die Straße In der Grub gelangen Sie schließlich zurück zum Neptunbrunnen.
Dauer: ca. 1,5 Std.

ÜBERNACHTEN

Bad Schachen

▸ S. 121, E 9

Gastlichkeit aus Tradition • Im Jahre 1752 ersteigerte ein Weinbauer das »Baad zu Schachen«, eine Eisen-Schwefelquelle, für 600 Gulden. Seitdem pflegten bereits sieben Familiengenerationen süddeutsche Gastlichkeit im einstigen »Gasthof zum Schwanen«. Die Zimmer und Suiten sind in Pastelltönen gehalten, Sie essen bei schönem Wetter im Freien mit Blick auf Bootssteg und

den Kleinhafen. Schönheitsfarm und Physiotherapeuten kümmern sich um Ihr Wohlbefinden. Es gibt Tennisplätze, Golfplatz, Hallenbad, Strandbad und Bootsvermietung.
Bad Schachen 1 • Tel. 0 83 82/29 80 • www.badschachen.de • April−Okt. • 125 Zimmer • 🚫 • 🐾 • €€€€

Schöngarten ▶ S. 43, nördl. b 1

Jugendstil mit Seeblick • Inmitten eines Wohngebiets im Stadtteil Aeschbach liegt die Jugendstilvilla Schöngarten abseits vom Stadttrubel, doch nah genug, um in wenigen Minuten mittendrin zu sein. Umfangreiches Frühstücksbuffet und herrlicher

Ausblick bei moderaten Preisen – was will man als Gast noch mehr?
Schöngartenstr. 15 • Tel. 0 83 82/9 34 00 • www.hotel-schoengarten.de • 12 Zimmer • &• ♞ auf Anfrage • €€

Landhotel Martinsmühle
▸ grüner reisen, S. 17

Seewirt ▸ S. 121, D 9
Herzlicher Empfang • Beim Seewirt Lanz gibt es in drei Häusern neben komfortablen Zimmern und Wellnessbereich auch ein gemütliches Gartenrestaurant.
Nonnenhorn, Seestr. 15 • Tel. 0 83 82/98 85 00 • www.hotel-seewirt.de • 32 Zimmer • ♞ auf Anfrage • €

ESSEN UND TRINKEN

Gasthof zum Sünfzen ▸ S. 43, c 2
Dinieren wie einst die Patrizier • Im Fußgängerbereich können Sie in der 1358 erbauten ehemaligen Patriziertrinkstube bayerische Gerichte aus eigener Metzgerei, fangfrischen Fisch und Allgäuer Wildbret essen.

MERIAN-Tipp **5**

LINDAUER MARIONETTENOPER
▸ S. 43, c 2
Mozart, Rossini, Bizet? Bernhard Leismüller ist Gründer und Leiter des einzigen deutschen Marionettentheaters, welches sich auf die Aufführung von Opern spezialisiert hat. Er kreiert die Puppen, entwirft und fertigt alle Kostüme und ist für Choreografie und Spielleitung verantwortlich.
Lindau, Fischergasse 37 • Tel. 0 83 82/94 46 50 • www.lindauer-mt.de • Ticket ab 21 €, Kinder 15 €

Maximilianstr. 1 • Tel. 0 83 82/58 65 • www.suenfzen.de • Mo–So 9.30–23 Uhr • €€

AM ABEND

Casino ▸ S. 43, d 1
Bereits seit 1950 gibt es die Bayerische Spielbank in Lindau; seit dem Jahr 2000 rollt die Kugel in einem viergeschossigen Rundbau am Seeufer mit eindrucksvollem Blick übers Wasser.
Chelles-Allee 1 • Tel. 0 83 82/2 77 40 • www.spielbank-lindau.de • tgl. ab 12 Uhr Kleines, ab 15 Uhr Großes Spiel

Club Vaudeville ▸ S. 43, östl. d 3
Konzerte aus den Bereichen Rock, Pop, Jazz und Blues sowie Kleinkunst, Kino und Disco bietet das Kulturzentrum auf dem Lindauer Festland.
Von-Behring-Str. 6–8 • Tel. 0 83 82/7 33 30 • www.vaudeville.de

Stadttheater Lindau ▸ S. 43, c 2
Klassisches, modernes und Boulevardtheater, Kammerkonzerte sowie Theaterstücke für Kinder bietet das Gastspielhaus von Oktober bis März.
Fischergasse 37 • Tel. 0 83 82/94 46 50

SERVICE

AUSKUNFT
Touristinformation ▸ S. 43, b 2/3
Ludwigstr. 68, gegenüber Hauptbahnhof • Tel. 0 83 82/26 00 30 • www.lindau.de

VERKEHR/PARKEN
Die Bodensee-Gürtelbahn verbindet die Stadt über Friedrichshafen mit Singen, die Südbahn über Ravensburg mit Ulm. Der österreichische

Puppenspieler aus Leidenschaft: »Impresario« Bernhard Leismüller hat die Lindauer Marionettenoper (▶ MERIAN-Tipp, S. 44) zu einer Erfolgsgeschichte gemacht.

Nachbar Bregenz ist in zehn Minuten erreicht. Die Weiße Flotte verbindet Lindau von März bis November mit sämtlichen Städten am See.

Ein Inselbus fährt kostenlos von den Festlandparkplätzen P1 (1 € für die ersten 2 Std.) und P3 (0,60 €/Std.) auf die Insel. Im Altstadtbereich stehen P4 (1 €/Std.) und P5 (0,80 €/Std.) zur Verfügung. Die Einzelfahrt im Bus kostet 1,90 €, ermäßigt 1 €.

Ziele in der Umgebung

◎ **Langenargen** ▶ S. 119, D 7
7100 Einwohner

L.A., wie die Einheimischen den Ort mit einem Augenzwinkern nennen, liegt zwischen Lindau und Friedrichshafen. Die autofreie Innenstadt und die romantische Uferpromenade erinnern natürlich herzlich wenig an die kalifornische Metropole. Naturfreunde wie Kulturinteressierte werden von Langenargen begeistert sein. Ersteren sei eine Wanderung in das Naturschutzgebiet rund um das Argental östlich des Ortes angeraten. Übrigens: Hier befindet sich auch die älteste Kabelhängebrücke Deutschlands. Sie wurde 1897 erbaut und hat über 70 m Spannweite.
20 km nordwestl. von Lindau

SEHENSWERTES
Schloss Montfort
Der Vorgängerbau des Schlosses war bereits im 14. Jh. als »Veste Burg Argen« durch die Grafen von Montfort gebaut worden. Festung und Herrschaft verfielen jedoch, und erst 1866 ließ Wilhelm I. von Württemberg das Schloss an derselben Stelle im maurischen Baustil neu errichten. Heute ist es im Besitz der Gemeinde Langenargen. Das Schloss ist bewirtschaftet, zudem befindet sich eine kleine Galerie in den Innenräumen.
Untere Seestr. 3

MUSEEN
Purrmann-Sammlung

Im alten Pfarrhaus werden neben Exponaten zur 1200-jährigen Geschichte der Ortschaft Stillleben, Akte und Landschaftsbilder des Matisse-Schülers Hans Purrmann gezeigt. Ebenfalls interessant sind die ausgestellten Arbeiten des 1724 in Langenargen geborenen Franz Anton Maulbertsch. Er schuf neben Gemälden zahlreiche Deckenfresken und gilt als wichtiger Repräsentant barocken Kunstschaffens.
Marktplatz 20 • Tel. 0 75 43/34 10 • April–Mitte Okt. Di–So 10–12 und 14–17 Uhr • Eintritt 2 €

ÜBERNACHTEN
Schwedi

Mit Liegewiese am Seeufer • Finnische Sauna und glasüberdachtes Schwimmbad machen das Hotel-Restaurant zu einem echten Tipp am See. Und wenn dann noch Fisch aus eigenem Fang serviert wird, wissen Sie, dass Sie hier goldrichtig liegen.
Schwedi 1 • Tel. 0 75 43/93 49 50 • www.hotel-schwedi.de • 30 Zimmer • 🏕 • €€, Restaurant €€

ESSEN UND TRINKEN
Schloss Montfort

Schlossbrunch am See • Auf der Gartenterrasse der Schlossgaststätte befindet sich ein nettes Restaurant, das regionale Küche mit mediterran-asiatischer Note serviert.
Untere Seestr. 3 • Tel. 0 75 43/ 91 27 12 • www.vemax-gastro.de • Mitte März–Mitte Okt. Di–So ab 14 Uhr, So ab 10 Uhr Brunch (ganzjährig) • €€

◎ Wasserburg   ▸ S. 121, E 9
3000 Einwohner

Touristischer Hauptanziehungspunkt Wasserburgs ist die in den See hineinragende namensgebende Halbinsel. Sehenswert sind das

Zahlreiche Dörfer und Städtchen, etwa der Luftkurort Wasserburg (▸ S. 46) am bayerischen Seeufer, werden mehrmals täglich von der »Weißen Flotte« angesteuert.

Schloss, die Kirche St. Georg aus dem 14. Jh., das frühere Gerichtshaus, heute Malhaus mit Museum, sowie der Fischerei- und Sportboothafen.

Der im deutschsprachigen Raum wohl bekannteste Wasserburger ist Martin Walser. Seine Eltern betrieben die Bahnhofswirtschaft und eine Kohlenhandlung auf dem Festland. Der streitbare Schriftsteller, 1927 geboren, ist der Bodenseeregion treu geblieben, er lebt heute in Nussdorf östlich von Überlingen.

Bereits im Jahr 784 findet sich die »Wazzarburuc« als Burg auf der kleinen Bodenseeinsel in einer St. Gallener Urkunde belegt. Seine heutige Renaissancegestalt erhielt das Schloss Mitte des 16. Jh. durch den neuen Besitzer, den Grafen Hugo XVI. von Montfort – nach diesem ist auch das Schloss Montfort im nahen Langenargen (▶ S. 45) benannt.

5 km westl. von Lindau

ÜBERNACHTEN

Ferien- & Obsthof Sonnen-halde 👫

Gastlichkeit zwischen Obstgärten • Die modern gestalteten Ferienwohnungen der Familie Erath sind ein guter Ausgangsort für Ausflüge und Wanderungen in den umgebenden Obstwiesen. Nur 2 km vom See entfernt, ist man schnell beim Baden.
Bodolz, Bettnau 27 • Tel. 0 83 82/ 98 73 21 • www.sonnenhalde-bodensee.de • 🐾 • €

Gasthof zur Kapelle

Familiäre Atmosphäre • 3 km westlich von Wasserburg hat im idyllisch gelegenen Weindorf Nonnenhorn die Familie Witzigmann eine gelungene Kombination aus Gasthof, Restaurant und Obstbrandverkauf auf-

gebaut. Es erwarten Sie gemütliche Zimmer, herzhaft-gepflegtes Essen und ein hervorragender Schnaps.
Nonnenhorn, Kapellenplatz 3 • Tel. 0 83 82/82 74 • www.witzigmann-kapelle.de • 8 Zimmer • 🐾 • €

Meersburg   ▶ S. 118, A 6

5600 Einwohner
Stadtplan ▶ S. 51

Meersburg unterteilt sich in »Oberstadt« auf einem Bergplateau und »Unterstadt« direkt am See. Die Oberstadt besteht aus einer Vielzahl mittelalterlicher Gassen und prächtiger Barockgebäude, darunter die von den Bischöfen hinterlassene Residenz, das Neue Schloss.

Die Unterstadt hat direkten Anschluss an den See; der Autoverkehr wurde weitgehend aus den Straßen verbannt – und das hat den betriebsamen Gassen und Straßen sehr gut getan. Die Gäste finden in beiden Stadtteilen schmucke Lädchen.

Mit zwei Millionen Besuchern im Jahr ist Meersburg trotz seiner geringen Einwohnerzahl ein Schwergewicht am Bodensee. An Juli-Wochenenden kann es da schon mal eng werden in den schmalen Gässchen, doch das hübsche Städtchen übersteht auch dies erhobenen Hauptes.

Der Ort hat in seiner tausendjährigen Geschichte so manche Gäste willkommen geheißen. Die für die weitere Entwicklung bedeutendsten waren sicherlich die katholischen Fürstbischöfe, die 1527 aus dem kurzzeitig protestantisch gewordenen Konstanz geflohen waren. Fast 300 Jahre lang war Meersburg daraufhin Bischofssitz. Diese Phase endete 1803, und dann versank Meersburg – wie so viele Städtchen und Landschaften rund um

Barocke Pracht wie aus dem Bilderbuch: das Neue Schloss (▶ S. 49) in Meersburg. An der Gestaltung des weitläufigen Treppenhauses plante Balthasar Neumann mit.

den See – in einen fast zwei Jahrhunderte andauernden Winterschlaf.

SEHENSWERTES

Burg Meersburg (Altes Schloss) ❷ 🧍 ▶ S. 51, a 2

Die Burg wurde unter dem Merowinger Dagobert I. im 7. Jh. gebaut. Von 1268 bis 1526 diente das Schloss als Sommerresidenz der Konstanzer Bischöfe, und nach dem Zuzug des Klerus war es bis zum Bau des Neuen Schlosses Residenz. 1838 kaufte es Baron von Lassberg; dessen Schwägerin, die Schriftstellerin und bedeutende Lyrikerin Annette von Droste-Hülshoff (1797–1848), wohnte und arbeitete mehrere Jahre lang in der Burg. Ihre Wohnräume sind ganz im Stil des Biedermeier gehalten.

Die alten Gemäuer haben sich alle Zutaten einer Burg bewahrt. Diese reichen vom Rittersaal über unterirdische Tunnel, Wehrgänge und Türme bis zur Folterkammer. Zur Burg gehört ein Museum.

Schlossplatz 10 • Tel. 0 75 32/ 8 00 00 • www.burg-meersburg.de •

tgl. 9–18.30, Nov.–Feb. 10–18 Uhr •
Eintritt 8,50 €, Schüler 6,50 €, Kinder ab 6 J. 4,50 €, Turmbesteigung
zusätzl. 2,50 €

Neues Schloss ▸ S. 51, b 2

Der barocke Bau, heute Heimat von
drei Museen (▸ S. 49), wurde 1712
begonnen, 1741 nach Plänen Chris-
toph Gessingers ausgebaut und bis
1762 nochmals umgestaltet. Die
Konstanzer Fürstbischöfe nutzten
ihn bis zur Säkularisation als Residenz. Danach wurde es kurze Zeit Ei-
gentum des Großherzogtums Baden,
dann kam es in Staatsbesitz. Sehenswert sind im Innern vor allem das
nach Plänen von Baumeister Balthasar Neumann gestaltete, prunkvolle
Treppenhaus sowie Stuckaturen von
Carlo Pozzi und Fresken von Giu-
seppe Appiani.
Schlossplatz 12

MUSEEN
Droste-Museum Fürstenhäusle
▸ S. 51, c 2

1843 ersteigerte Annette von Droste-
Hülshoff das kleine Häuschen am
Berg. In den Räumen werden von
der Dichterin erstellte Scheren-
schnitte und Porträts gezeigt. Sehr
sehenswert sind die Originalmöbel
im Biedermeierstil.
Stettener Str. 13 • Tel. 0 75 32/
60 88 • April–Okt. Di–Sa 10–12.30
und 14–18, So 14–18 Uhr • Eintritt
4,90 €, Schüler 3,90 €, Kinder
3,50 €, Familienkarte 10 €

Neues Schloss ▸ S. 51, b 2

In den barocken Räumen im Erdgeschoss finden Musikveranstaltun-
gen und Wechselausstellungen statt.
Im ersten Stockwerk befindet sich
die **Städtische Galerie** mit Werken

von Malern, die in den 1920er- und
1930er-Jahren in der Stadt ihre neue
Heimat fanden – darunter Walde-
mar Flaig, einer der wichtigsten Ver-
treter des Expressionismus am See.
Im Stockwerk darüber zeigt das
Fürstbischöfliche Schlossmuseum
originale Inneneinrichtungen der im
18. Jh. hier residierenden Fürstbischöfe. Besonders sehenswert sind
im **Porzellankabinett** drei Elfen-
beinarbeiten aus dem 18. Jh.
Schlossplatz 12 • Tel. 0 75 32/
44 04 00 • April–Okt. tgl. 10–13 und
14–18 Uhr • Eintritt 4 €, Kinder 1 €,
Kombikarte für Neues Schloss, Stadtmuseum, Weinbaumuseum 5 €

Weinbaumuseum ▸ S. 51, b 2

Unter den Ausstellungsstücken des
Museums befinden sich eine hölzer-
ne Weinpresse aus dem Jahr 1607 sowie zahlreiche historische Gegen-
stände rund um die Weinkelterei.
Vorburggasse 11 • Tel. 0 75 32/
44 04 00 • April–Okt. Di, Fr, So
14–18 Uhr • Eintritt 2 €, Kinder frei

ÜBERNACHTEN
Residenz am See ▸ S. 51, c 3

Zwischen Weinbergen und See •
Nicht nur, dass Sie hier in romanti-
scher Atmosphäre übernachten können, auch für das leibliche Wohl ist
bestens gesorgt – dafür garantiert
Chefkoch Manfred Lang mit zwei
angeschlossenen Restaurants, darunter das kleine Gourmetlokal
»Casala« (▸ S. 50).
Uferpromenade 11 • Tel. 0 75 32/
8 00 40 • www. hotel-residenz-
meersburg.com • 80 Zimmer • 🐾 auf
Anfrage • €€€€

Landhaus Ödenstein
▸ MERIAN-Tipp, S. 13

Seehotel Off
▸ S. 51, östl. c 3

Feng Shui an der Therme • Das Hotel ist ganz auf Wohlfühl-Angebote eingestellt. Von Feng-Shui-zertifizierten Zimmern bis Reiki und Aromamassagen reicht das große Angebot. Das neue Thermalbad von Meersburg (▸ S. 52) ist nur 200 m entfernt.
Uferpromenade 51 • Tel. 0 75 32/4 47 40 • www.hotel.off.mbo.de • 21 Zimmer • ⚐ • €€

Hotel Weinstube Löwen
▸ S. 51, b 2

500 Jahre Gastfreundschaft • Direkt am Marktplatz befindet sich inmitten von stattlichen Patrizierhäusern und verwinkelten Gassen das sorgfältig eingerichtete Traditionshaus.
Marktplatz 2 • Tel. 0 75 32/4 30 40 • www.hotel-loewen-meersburg.de • 21 Zimmer • ⚐ • €

ESSEN UND TRINKEN

Casala
▸ S. 51, c 3

Gourmetfreuden • Auf der vorgelagerten Terrasse mit Blick auf den Bodensee in zugleich entspannter und zuvorkommender Atmosphäre genießen Sie beste Bodenseeküche.
Uferpromenade 11 • Tel. 0 75 32/8 00 40 • www.hotel-residenz-meersburg. com • tgl. 18.30–21.30 Uhr, Di geschl. • €€€€

Winzerstube zum Becher
▸ S. 51, b 2

Gemütlich • Badische Traditionsküche. Zu den Spezialitäten gehören: Zanderfilet in Lauchschaum und Lachsklößchen in Riesling mit Felchenkaviar.
Höllgasse 4 • Tel. 0 75 32/90 09 • www.winzerstube-zum-becher.de • tgl. 10.30–14 und 17–24 Uhr, Mo geschl. • €€€

Gutsschänke
▸ S. 51, b3

Große regionale Weinkarte • Von badischer Lasagne und Flammkuchen bis hin zur Weinschaumsuppe: Die Schänke über den Dächern der Stadt ist es wert, den Aufstieg vom Seeufer zu wagen.
Seminarstr. 4 • Tel. 0 70 32/80 76 30 • www.gutsschaenke-meersburg.de • tgl. geöffnet • €

EINKAUFEN

Aufricht
▸ S. 51, südöstl. c 3

Die Weinbaumeister Robert und Manfred Aufricht haben sich in den letzten Jahren zu einer festen Größe beim Qualitätswein entwickelt. Ihre Weinberge reichen bis direkt ans Bodenseeufer heran. Besonders empfehlenswert ist der Spätburgunder Rotwein.
Hohenweg 8 • Tel. 0 75 32/24 27 • www.aufricht.de • Verkauf Mo–Sa 8–12 und 13.30–18 Uhr

Staatsweingut Meersburg
▸ S. 51, c 3

Der ehemalige kurbischöfliche Besitz wurde 1803 in weltliche Hände übergeben. Heute untersteht das Gut als eine der ältesten Weinbau-Domänen Deutschlands kurioserweise dem Finanzministerium Baden-Württemberg.
Seminarstr. 6, Verkaufsraum beim ehemaligen Reithof • Tel. 0 75 32/44 67 44 • www.staatsweingut-meersburg.de • Mo–Fr 9–18, Sa 9–16 Uhr

Weingut Geiger
▸ S. 118, A 6

Im Weingut gibt es ausgefallene Bodenseeweine vom Müller-Thurgau bis zum Spät- und Weißburgunder, zudem Obstbrände aus Mirabellen, Quitten oder Zwetschgen.

Meersburg-Riedetsweiler, Baitenhausener Str. 3 • Tel. 0 75 32/98 56 • www.weingut-geiger.de

AM ABEND

Im Spiegelsaal des Neuen Schlosses und auf der Schlossterrasse finden den Sommer über die internationalen Schlosskonzerte statt (▶ S. 24). Auf dem weitläufigen Schlossplatz gibt es im Sommer Open-Air-Veranstaltungen.

Alemannen-Torkel   ▶ S. 51, a 2

Die urige Weinstube mit ihrem 300 Jahre alten, gut bestückten Weinkeller ist das ganze Jahr über gut besucht und bringt Meersburger Bürger und Urlauber an einen Tisch. Die große Auswahl an badischen Weinen

und herzhaften Speisen lässt keine kulinarischen Wünsche offen. Steigstr. 18 • Tel. 0 75 32/10 67 • tgl. 11–1 Uhr

Fährhaus   ▶ S. 51, westl. a 2

Das Fährhaus bietet in zwei getrennten Bereichen verschiedene Musikrichtungen: im »Danceclub« aktuelle Popmusik, im »Tanzcafé« Oldies und Schlager.
Unteruhldinger Str. 3 • Tel. 0 75 32/ 80 84 55 • www.faehrhaus-disco.de • Fr und Sa ab 21 Uhr

SERVICE
AUSKUNFT
Gästeinformation   ▶ S. 51, b 1

Kirchstr. 4 • Tel. 0 75 32/44 04 00 • www.meersburg.de

PARKEN

Die wenigen Altstadtparkplätze haben oftmals eine Höchstparkdauer, die Parkgebühr beträgt 50 Cent pro halber Stunde. Rund um Meersburg liegen Großparkplätze ohne Höchstparkdauer. Von Ostern bis Oktober verkehrt halbstündlich ein Pendelbus zwischen allen Parkplätzen und Altstadt für 0,50 €.

Die Weinberge rund um das Winzerdorf Hagnau (▸ S. 52) liefern edle Tropfen.

SPORT UND FREIZEIT

Bootsverleih   ▸ S. 51, c 3

An der Schifflandestelle • Tel. 0 75 32/ 66 30

Meersburgtherme   ▸ S. 51, c 3

Die 2003 eröffnete Therme bietet einen Erlebnis- und einen Thermalbereich sowie eine Saunalandschaft im Look der Unteruhldinger Pfahlbauten (▸ S. 57). Unverbauter Seeblick durch große Glasfronten.

Uferpromenade 12 • Tel. 07 5 32/ 4 40 28 50 • www.meersburg-therme. de • Mo–Sa 10–22, So 9–22 Uhr • Eintritt Badewelt 9 € (3 Std.), Kinder 6,50 €, inkl. Saunawelt 16,50 €

VERKEHR

Vom Fährhafen in Meersburg aus haben Sie Tag und Nacht mit der Autofähre direkten Anschluss nach Konstanz. Die Weiße Flotte fährt während der Saison Konstanz, Überlingen, Bregenz und die Mainau an.

Ziele in der Umgebung
◎ **Hagnau**   ▸ S. 118, B 7
1500 Einwohner

In Hagnau, dem geruhsamen Dorf in den Rebhängen nahe Meersburg, kursierte im 15. Jh. folgender Spruch: »Die ersten zehn Viertele muss man genießen, danach kann man es getrost laufen lassen.« Bevor Sie jedoch zur Nachahmung schreiten, sei angemerkt, dass der Wein im Mittelalter erheblich weniger Alkohol hatte. Im 18. Jh. gehörte das Weindorf zur Benediktinerabtei Weingarten, daran erinnert die Weingartsche Hofmeisterei. Sechs weitere Amtshäuser von Klöstern belegen, dass die Mönche einst den Zehnten qua Wein einholten. Nach der Säkularisation nutzten die Weinhändler die Uneinigkeit der Winzer aus und zahlten Dumpingpreise. 1881 überzeugte der Pfarrer, Schriftsteller und Bürgerrechtler Heinrich Hansjakob die Winzer, eine Interessengemeinschaft zu gründen. Eine Winzergenossenschaft entstand. Sie ist die erste und heute noch größte am Bodensee.

Dieser Tage spielt neben Wein und Fischfang der Tourismus eine wichtige Rolle; zahlreiche Hotels und eine

gute, moderne Infrastruktur haben den hübschen Ort zu einem beliebten Ferienziel gemacht.
3 km südöstl. von Meersburg

ÜBERNACHTEN
Villa am See

Plüschiger Komfort • In stilvoll eingerichteten Räumen bietet Ihnen das kleinste Hotel am See Harmonie, Ruhe und Geschmack wenige Meter vom Wasser. Ayurveda-Behandlung durch einen Spezialisten. Für Golfspieler: Familie Erbguth ist Mitglied des 18-Loch-Golfclubs Lugenhof.
Seepromenade • Tel. 0 75 32/
4 31 30 • www.villa-am-see.de •
7 Zimmer • 🐕 • €€€

EINKAUFEN
Burgunderhof

Andrea Renn, eine der wenigen Winzerinnen am See, und ihr Mann, der Obstbaumeister Heiner Renn, bewirtschaften den Hof als Pension. Überregional bekannt sind die auf dem Hof produzierten Brände. Die eichenfassgereiften Spezialitäten haben erfolgreich den Weg vom »kurzen« Schnaps zum edlen Digestif vollzogen. Voraussetzung: bestes Bodenseeobst, keine Zusätze und eine Reduzierung des Alkoholgehalts auf etwa 40 Prozent. Tipp: Der Burgunderhof bietet außergewöhnlich eingerichtete Zimmer an.
Sonnenbühl 70 • Tel. 0 75 32/
80 76 80 • www.burgunderhof.de •
Verkauf Mo–Fr 10–12 und 14–
18 Uhr • Hotel €€€

Winzerhaus
Im Angebot der ältesten Genossenschaft Badens sind Weißburgunder, Müller-Thurgau sowie Spät- und Grauburgunder aus den Hagnauer Lagen Burgstall und Sonnenufer. Die Waren werden umweltschonend unter Verzicht auf Insektizide und Herbizide angebaut: Das Resultat ist ein wohlschmeckender Bodenseewein.
Strandbadstr. 7 • Tel. 0 75 32/10 30 •
www.wv-hagnau.de • Mo–Fr 8–18,
Sa 9–16, Mai–Sept. 9–18 Uhr

◎ Schloss Salem   ▶ S. 118, A 6
Das frühere Zisterzienserkloster ist durch den sogenannten **Prälatenweg** mit der Wallfahrtskirche in Birnau (▶ S. 57) verbunden. »Ora et labora« (bete und arbeite): Die alte benediktinische Regel war 1137 Leitspruch bei der Gründung durch die reichsunabhängige Abtei Lützel. Die Mönche gründeten zentrale Großgüter, die das Kloster rasch zu einem der reichsten und größten Süddeutschlands machten. Noch heute besteht und arbeitet der Hof Maurach unterhalb der Zisterzienserprobstei Birnau in dieser Tradition. Herausragender Kopf des Klosters war der heilige Bernhard von Clairvaux, ein beredsamer Prediger für den zweiten Kreuzzug und von hoher suggestiver Kraft auf die Massen. In Birnau erinnert die berühmte Plastik des »Honigschleckers« an seine charismatischen Fähigkeiten.
Die Klosteranlage in Salem wurde im Rahmen der Säkularisierung vom Fürstenhaus Baden übernommen, dessen Hauptsitz sie heute noch ist. Im Gebäudekomplex leben und arbeiten Lehrer und Mittelstufenschüler der reformpädagogisch orientierten Schloss-Salem-Schule.
Sehr sehenswert ist das **Münster**, 1414 im gotischen Stil erbaut, insbesondere der Hochaltar sowie 26 Alabasteraltäre. Von großer Bedeutung sind das auch Studierzimmer von

Abt Anselm II. und der Kaisersaal mit umfangreicher Stuck- und Skulpturenverzierung.
Tel. 0 75 53/8 14 37 • www.salem.de • April–Okt. Mo–Sa 9.30–18, So 10.30–18 Uhr • Eintritt mit Ausstellungen und Museen 7 €, Kinder 3 €
14 km nördl. von Meersburg

◎ **Überlingen**   ▶ S. 117, F 2
20 400 Einwohner

Eine mediterrane Leichtigkeit prägt den Lebensstil der Überlinger. An der längsten Strandpromenade des Bodensees verbinden sich mächtige Kübel mit südländischen Pflanzen bestens mit den ehrwürdigen Häusern aus der Stauferzeit. Innerhalb der alten Stadtbefestigung ist vor allem das spätgotische Münster aus dem 14. Jh. sehenswert. Das ungleiche Turmpaar ist Wahrzeichen der Stadt. Der Hochaltar im Kircheninneren wurde 1613 bis 1616 von Jörg Zürn, Spross einer oberschwäbischen Bildhauerfamilie aus Bad Waldsee, geschnitzt. Er ist ein imposantes Beispiel deutschen Frühbarocks. Spätgotisch dagegen sind die 1466 geweihte Franziskanerkirche und das Rathaus sowie eine ganze Anzahl von sorgsam restaurierten Patrizierhäusern. Insbesondere der ganz in Holz gekleidete Ratssaal aus der Blütezeit der Gotik ist einmalig. Holzfiguren, auch vom Überlinger Schnitzer Jakob Ruess, symbolisieren einzelne Stände des Deutschen Reiches.

Direkt an der ehemaligen Stadtmauer im Nordwesten befindet sich der Stadtgarten, der mit wertvollem Baumbestand sowie exotischen Pflanzen aufwartet.

Überlingen ist eine Hochburg der Schwäbisch-Alemannischen Fasnacht (▶ MERIAN-Tipp, S. 55). Falls Sie die Gelegenheit dazu haben, schauen Sie am Rosenmontag vorbei, wenn die Hästräger mit knallenden

Ganz Überlingen (▶ S. 54) kommt in historischen Kostümen zur Schwedenprozession (▶ S. 23), die auf ein Dankgelübde im Dreißigjährigen Krieg zurückgeht.

Peitschen durch die Stadt ziehen und Guggenmusik-Kapellen aufspielen. Übrigens, das Wort »gugge« entspricht weniger der Bedeutung des schwäbischen »schauen« oder der Gug, was Tüte bedeutet, es meint vielmehr »ein Horn blasen«.
13 km nordwestl. von Meersburg

SEHENSWERTES

Brunnen »Bodenseereiter«

Der Bildhauer Peter Lenk aus Bodman ist im Bodenseeraum durch zahlreiche Arbeiten vertreten. Die Überlinger Brunnenfigur zeigt einen beleibten Mann in Schlittschuhen auf einem erschöpften Gaul. Der Reiter wurde von der Öffentlichkeit sofort als der bei Überlingen lebende Schriftsteller Martin Walser identifiziert, dessen Buch »Ein fliehendes Pferd« zu seinen bekanntesten Werken zählt. Ein kleiner Eklat bei der Übergabe – ein echter Hingucker für die Passanten!
Landungsplatz • www.peter-lenk.de

Goldbacher Stollen

Gegen Ende des Zweiten Weltkriegs versuchte das nationalsozialistische Deutschland die Kriegsproduktion der zerbombten Friedrichshafener Werke Zeppelin, Maybach, Dornier und der Zahnradfabrik unterirdisch fortzusetzen. Dazu wurden in Überlingen im Winter 1944/45 unter dem Decknamen »Magnesit« Stollen in den Fels getrieben. Für diese Arbeit unter Tage wurden 800 Zwangsarbeiter aus Dachau rekrutiert und in einem KZ untergebracht. In sieben Monaten sprengten sie Tunnels mit einer Länge von 4 km in den Fels. Viele der Gefangenen kamen bei den unmenschlichen Arbeiten ums Leben. Das KZ wurde nach dem Krieg

MERIAN-Tipp ✡ **6**

ÜBERLINGER FASNET
▸ S. 117, F 2

Zweifellos einer der Höhepunkte der alemannischen Fasnet am See ist am Abend des Faschingssamstags, wenn gegen 19 Uhr Tausende Hänsele durch die Stadt tanzen und Musikkapellen, Karbatschen und Schellen sich auf dem Marktplatz zu einem beeindruckenden Klangspektakel vereinen. Nachdem die Hästräger dort den traditionellen »Hänsele-Juck« getanzt haben, geht der Rummel bei nächtlicher Hausbeleuchtung als Straßenfasnet an öffentlichen Plätzen und in Kneipen bis tief in die Nacht weiter. Wie kurz der Schlaf für die Feiernden auch gewesen sein mag – am nächsten Morgen formieren sie sich zum großen Umzug durch die Stadt.
Überlingen, im Zentrum

abgerissen, doch Teile der Tunnelanlage sind noch zugänglich.
Zugang: Untere Bahnhofsstraße • Informationen unter Tel. 0 75 51/ 99 11 22 • Führungen jeden 1. Fr im Monat um 17 Uhr

Silvesterkapelle Goldbach

Im westlich von Überlingen gelegenen Stadtteil Goldbach befindet sich mit der St. Sylvesterkapelle eines der ältesten Gotteshäuser der Bodenseeregion. Wandmalereien aus karolingischer Zeit und Reste einer lateinischen Inschrift lassen eine Verbindung zu Walahfrid Strabo vermuten, der von 842 bis 849 Abt von Reichenau war.

ÜBERNACHTEN
Rosengarten
Romantisch • Das Jugendstilhotel mit Villa-Atmosphäre und Panoramablick über den See liegt 150 m von Strandbad, Bodenseetherme und Landungsplatz der Schiffe entfernt. Am Stadtgarten • Tel. 0 75 51/ 9 28 20 • www.hotel-villa-rosengarten. de • 14 Zimmer • €€

Naturata
▶ grüner reisen, S. 18

ESSEN UND TRINKEN
Höhengasthof Haldenhof
Fantastische Aussichten • Unmittelbar neben einem der schönsten Aussichtspunkte am Nordufer des Sees, abgelegen am Waldrand, steht der Hof »uff der Halden«. Ob auf der schönen Außenterrasse oder im Inneren des Hauses, hier können Sie gutbürgerlich essen und angenehm übernachten.
Falls Sie gerne wandern: Der populäre Ausguck ist Zwischenstation eines geologischen Lehrpfads, der von Sipplingen aus zur nahen Bodenseeversorgung führt.
Überlingen-Bonndorf • Tel. 0 77 73/ 56 13 • www.gasthaus-haldenhof.de • März–Okt. tgl. außer Mo • Restaurant €€, Hotel €

EINKAUFEN
Fischhaus Löwenzunft
Am Marktplatz erwartet Sie ein breites Angebot an Bodenseefisch. Sie können auch backfrische Fischbrötchen mitnehmen oder aber die in einer offenen Schauküche zubereiteten Gerichte im angeschlossenen Bistro genießen.
Hofstatt 7 • Tel. 0 75 51/94 90 25 • www.knoblauch-gbr.de

AM ABEND
Galgenhölzle
Das von Michael Jeckel 1979 gegründete Szenelokal ist Teil des Kneipenareals Krone und gilt als Urgestein am deutschen Bodenseeufer. Auch nach 25 Jahren gibt es hier immer noch regelmäßig Livemusik – vom Jazz-Frühschoppen bis zu abendlichen Sessions. Das nach dem Wäldchen nahe der ehemaligen Überlinger Hinrichtungsstätte benannte Lokal hat viele Anhänger unter Einheimischen und Gästen – auch wegen des reichhaltigen Angebots an internationalen Biersorten.
Münsterstr. 10 • Tel. 0 75 51/ 91 99 33 • www.krone-ueberlingen. com • Mo–Fr 11.30–23, Sa 10–24, So bis 1 Uhr

SERVICE
AUSKUNFT
Touristinformation in der Greth
Landungsplatz 14 • Tel. 0 75 51/99 11 22 • www.ueberlingen.de

SPORT UND FREIZEIT
Kuren
Information: Tel. 0 75 51/99 11 22

Segeln
Die älteste und angesehenste Segelschule des gesamten Bodensees ist die Segelschule von Kai Raschewski. Sie hat sowohl Angebote für Anfänger als auch Kurse für Fortgeschrittene in ihrem Programm. Für Kinder und Jugendliche gibt es spezielle Kurse. Sehr beliebt bei Nichtseglern ist auch das Chartern der »Wappen von Danzig«, einer voll ausgerüsteten Hochsee-Segeljacht, die bis zu 25 Personen aufnehmen kann.
Bahnhofstr. 35 • Tel. 0 75 51/32 18 • www.segelschule-ueberlingen.de

◎ Uhldingen-Mühlhofen

▶ S. 118, A 6

7900 Einwohner

Zwischen Überlingen und Meersburg liegt der Ort, zu dessen Sehenswürdigkeiten **Unteruhldingen** mit dem weltberühmten Pfahlbaumuseum sowie die **Wallfahrtskirche Birnau** zählen.

6 km nördl. von Meersburg

WUSSTEN SIE, DASS...

... 13 Teilnehmer einer ARD-Dokumentation in Hütten des Steinzeitdorfes Unteruhldingen zwei Monate lang wie vor 5000 Jahren lebten und arbeiteten?

SEHENSWERTES

Pfahlbaumuseum Unteruhldingen 3

Das Pfahlbaumuseum Unteruhldingen zählt zu den größten Freilichtmuseen Europas. Jährlich folgen 300 000 Besucher einem Rundgang von etwa einer Stunde Dauer, der ihnen das Alltagsleben am Bodensee in der Stein- und Bronzezeit näherbringt. Der Gang durch das Museum macht Archäologie fühlbar, sichtbar und erlebbar. Waffen und Werkzeuge können in die Hand genommen werden, Museumsführer betreuen die Besucher, die auf den Holzstegen über dem Wasser von Häuserensemble zu Häuserensemble wandern.

Der Rundgang ist zugleich ein Gang durch die über 80-jährige Geschichte des Museums. Ersten Rekonstruktionen 1922 folgten 1940 weitere Hütten. Mit der Eröffnung des Neubaus 1996 entstanden noch mehr Nachbauten jungsteinzeitlicher und spätbronzezeitlicher Pfahlbauhäuser.

Strandpromenade 6 • Tel. 0 75 56/92 89 00 • www.pfahlbauten.de • Mitte März–Sept. tgl. 9–19, Okt. 9–17, Nov. Sa, So 9–17, Feb. So 10–16, März Sa, So 9–17 Uhr; Feb., März, Dez. Mo–Fr Führungen um 14.30 Uhr, sonst mehrmals tgl. • Eintritt 7 €, Kinder 4,50 €

Wallfahrtskirche Birnau 4

Seit 1222 lag die Wallfahrtskirche Alt-Birnau wenige Kilometer oberhalb der Reichsstadt Überlingen. Betreut wurde die älteste Marienwallfahrt Schwabens durch Zisterzienser der Abtei Salem (▶ S. 53).

Die heutige Wallfahrtskirche liegt etwa auf halbem Weg zwischen Uhldingen-Mühlhofen und Überlingen, inmitten von Weinbergen, und blickt majestätisch über den See. Sie wurde 1750 eingeweiht. Ihre Turmfassade wendet sich Richtung Wasser – eine ungewöhnliche Abweichung von der üblichen Ost-West-Orientierung. Der Vorarlberger Architekt Peter Thumb erbaute Birnau, Joseph Anton Feuchtmayer besorgte die Stuckarbeiten, Gottfried Bernhard Göz die Freskenmalerei. Viel bewunderte Skulptur ist eine Engelsgestalt, der sogenannte »Honigschlecker«.

Heute gilt das Bauwerk als schönste Barockkirche am Bodensee. Ungewöhnlich ist die Tatsache, dass der Gebäudekomplex zehn Uhren aufweist: vier Turmuhren, drei Sonnenuhren am Priesterhaus und drei Uhren im Innenraum der Kirche. Vor allem die Monduhr ist sehenswert: Mit einem Stab weist die Königin der Nacht auf den Tag des Mondlaufes. Die sieben mechanischen Uhren der Kirche werden vom ältesten noch funktionierenden Uhrwerk in Deutschland angetrieben.

Österreichisches Ufer
Rheindelta, Pfänder und Bregenzerwald prägen das Bild am österreichischen Ufer. Die Ostecke des Sees bildet den Eingang zu einer eindrucksvollen Berglandschaft.

◀ Seit 1946 gibt es die »Oper auf dem Wasser unterm Sternenhimmel« während der Bregenzer Festspiele (▶ S. 24).

An der Ostseite des Sees treten die nördlichen Voralpen dicht an die Bodenseeregion heran und machen deutlich, dass der See seine Größe den nahen Alpen verdankt. Wem dies als Hinweis nicht genügt, der durchquert Bregenz, das auf einer Terrasse zwischen Pfänder und Wasser erbaut wurde, und trifft nur wenige Kilometer südwestlich der Stadt auf den Alpenrhein. Kanalisiert und gezähmt führt er dem Bodensee stetig Wasser zu – eine Frischwasserleitung der besonderen Art.

Bregenz
▶ S. 121, F 9

28 000 Einwohner
Stadtplan ▶ S. 61

Vier Dinge stechen in Bregenz besonders heraus: Dies sind die jährlich stattfindenden Seefestspiele, der nah an den See heranrückende Hausberg Pfänder mit seiner atemberaubenden Aussicht und die Tatsache, dass die Stadt die Pforte zur wildromantischen Berglandschaft des Bregenzerwaldes bildet. Hinzu kommt ein Aspekt, der für eine Stadt dieser Größe auf den ersten Blick überrascht: Die Landeshauptstadt Vorarlbergs spielt mit hochkarätigen Events, Theatern und Galerien eine

zentrale Rolle im Kulturleben am Bodensee. Besonders hervorzuheben ist der Bereich Architektur. Bregenz und Vorarlberg haben mithilfe so namhafter Architekten wie Hans Hollein, Jean Nouvel, Peter Zumthor sowie einem eigenen Kreis Vorarlberger Baukünstler an Zeiten angeknüpft, als Baumeister aus dieser Region in ganz Europa einen hervorragenden Namen hatten.

Die Stadt erschließt sich dem Betrachter jedoch nicht auf den ersten Blick. Bahngleise und eine stark befahrene Bundesstraße verhindern den freien Zugang zum See. Dem Gast präsentiert sich eine dreigeteilte Stadt: das Seeareal mit Festspielhaus, Casino und Uferpromenade, die moderne Unterstadt jenseits der Gleise und die auf einer erhöhten Terrasse erbaute mittelalterliche Oberstadt.

SEHENSWERTES

Abtei Wettingen-Mehrerau
▶ S. 61, westl. a 2

Ein lohnender Abstecher westlich von Bregenz, nahe am See, ist das Kloster Mehrerau. Die Bregenzer Linie der Udalrichinger beschloss 1097 die Gründung der Abtei, die von Mönchen des Benediktinerordens Petershausen bei Konstanz vorgenommen wurde. 1803 wurde die

Abtei zunächst aufgelöst, dann 1854 von Zisterziensern gekauft. Diese waren kurz zuvor aus ihrem Kloster Wettingen im Kanton Aargau nahe Zürich vertrieben worden.

Heute leben nur noch wenige Mönche unter dem Leitspruch »Non mergor – ich gehe nicht unter« im Kloster. Im Klosterneubau von 1781 befinden sich eine philosophisch-theologische Lehranstalt, ein Sanatorium sowie ein Privatgymnasium mit Internat. Sehenswert ist in der 1859 neu erbauten neoromanischen Klosterkirche ein Flügelaltar von Durs von Aegeri von 1582. Gegenüber der Kirche im Internatsgebäude befindet sich ein weiteres Kleinod: die 1886 errichtete Kollegiatskapelle. Die Verbindung mit der Eidgenossenschaft wird nicht nur im Namen des Konvents »Wettingen-Mehrerau« deutlich, sie zeigt sich auch dadurch, dass unter den 125 000 Bänden der Klosterbibliothek eine Kostbarkeit wie die Originalpartitur der Schweizer Nationalhymne, der »Schweizerpsalm«, verwahrt wird. Diesen komponierte Pater Alberich Zwyssig, der Mitte des 19. Jh. Kantor des Konvents wurde.

Der Abteibesuch lässt sich mit einem Besuch im bewirtschafteten Klosterkeller mit Gastgarten verbinden (Tel. 0 55 74/8 67 70). Hauseigenen Most und Jausenteller, selbst gebrannten Schnaps und Salate aus dem ordenseigenen Garten gibt es Di–So von 11.30–23.30 Uhr. www.mehrerau.at • Gottesdienste Mo–Sa 8, So 7.30, 9 und 10.45 Uhr

Gebhardsberg   ▶ S. 61 , südl. b 4

3 km südlich von Bregenz erhebt sich der 600 m hohe Gebhardsberg. Bereits 907 wurde mit dem Bau einer Burg begonnen. Diese kam um 1400 in den Besitz des Minnesängers Hugo von Pfannenberg, wurde dann an die Habsburger verkauft und 1647 von den Schweden gesprengt. Wenig später zogen Eremiten in die Ruine, und ein dem heiligen Gebhard geweihtes Kirchlein wurde bald zum Wallfahrtsort, der Burg und Berg ihren noch heute gültigen Namen gab. Mitte des 18. Jh. verfügte Kaiserin Maria Theresia, dass die Ruine zu erhalten sei. Auf ihren Grundmauern entstand schließlich 1964, also mehr als tausend Jahre nach der ersten Gründung, eine noch heute bestehende Gaststätte (▶ S. 64).

Martinsturm   ▶ S. 61, c 3

Das erste Barockbauwerk am Bodensee wurde 1602 fertiggestellt und ist heute Sitz des Militärhistorischen Museums der Stadt. Es besitzt die größte Turmzwiebel Mitteleuropas. Interessant sind die Freskenzyklen aus dem 14. und 15. Jh. in der Martinskapelle in unmittelbarer Nähe. Der Namensgeber dieser Kirche, Martin von Tours, war bereits Schutzpatron der Franken. Kirchen dieses Namens haben ihre Ursprünge oft bereits im 6. Jh.

Pfänder 🍴   ▶ S. 121, F 9

Der Hausberg der Bregenzer ist 1064 m hoch und bietet einen einzigartigen Ausblick. Im Süden und Osten sind bei guter Sicht mehr als 200 Alpengipfel – darunter Arlberg und Silvretta – zu sehen. Im Westen überblickt man den Obersee.

Die **Pfänderbahn** bringt im Sommer täglich mehr als 2000 Besucher auf den Berg. Dort erwartet sie neben der Aussicht der **Alpenwildpark**. Ein interessanter Waldlehrpfad führt zu

Wildschweinen, Hirschen, Alpensteinböcken, Mufflons und Murmeltieren. Zudem kann man von Mai bis September zweimal täglich, um 11 und um 14.30 Uhr, auf einer **Adlerwarte** Flugvorführungen bewundern (Eintritt 5 €, Kinder 2,50 €). Drei Gasthöfe, das Berghaus Pfänder (Mai–Sept.), das Gasthaus Pfänderdohle (Okt.– April) und das Gasthaus Pfänderspitze (ganzjährig geöffnet), sorgen für das leibliche Wohl.

Vom Pfänder starten markierte Rundwanderungen, die zwischen einer und fünf Stunden dauern. Viel Wissens- und Essenswertes vermittelt etwa der fünfstündige **Käsewanderweg**, der zwischen Lochau, Eichenberg und Mögers verläuft. Zwölf illustrierte Tafeln informieren über bäuerliche Produktion, in den bewirteten Sennereien können Sie die vielen Informationen dann real verspeisen.

Die »Drei-Eintausender-Wanderung« führt in fünf Stunden vom Pfänder zu Hochberg und Hirschberg und zurück. Falls Sie nicht gern allein

Im Sommer finden täglich Flugvorführungen im Alpenwildpark auf dem Bregenzer Hausberg Pfänder (▸ S. 60) statt. Star der Veranstaltung ist ein Weißkopfseeadler.

wandern – im Sommer findet jährlich ein Großwandertag statt. Neben Wanderungen eignet sich der Pfänderrücken auch hervorragend für Radtouren. Die Räder werden von 9–10 bzw. 18–19 Uhr gratis mit der Pfänderbahn transportiert.
Steinbruchgasse 4 • Tel. 0 55 74/
42 16 00 • www.pfaender.at •
Berg- und Talfahrt 10,60 €, Jugendliche 8,50 €, Kinder 5,30 €

Stadtpfarrkirche St. Gallus

▸ S. 61, c 3

Der Sakralbau in der Oberstadt wurde im Jahr 1017 erstmals urkundlich erwähnt. Zuletzt 1737 erweitert, präsentiert sich das Gebäude heute im Barockstil. Im Inneren sind Rokokostuck, ein Hochaltar sowie ein barockes Chorgestühl zu bewundern, das aus dem alten Kloster Mehrerau (▸ S. 59) stammt.

MUSEEN

Kunsthaus 👥👤

▸ S. 61, c 2

Das in der Form eines gläsernen Kubus von dem Schweizer Architekten Peter Zumthor entworfene Museum präsentiert zeitgenössische Wechselausstellungen an der Schnittstelle zwischen Architektur, Design und Kunst. Entsprechend nehmen Rauminstallationen und audiovisuelle Exponate einen bevorzugten Platz ein. Das Haus sammelt zudem zeitgenössische österreichische Kunst aus den Bereichen Malerei, Skulptur und Konzeptkunst. Für Kinder zwischen 5 und 10 Jahren interessant: Samstags von 10–12 Uhr können sie selbst unter Anleitung kreativ werden.
Karl-Tizian-Platz • Tel. 0 55 74/
48 59 40 • www.kunsthaus-bregenz.at • Di–So 10–18, Do 10–21 Uhr • Eintritt 8 €, Schüler 1,50 €, Familienkarte 14 €

SPAZIERGANG

Stadtplan ▸ S. 61

Der Stadtrundgang beginnt am von Rudolf Prohazka 1998 erbauten Tourismushaus an der Bahnhofstraße 14. Hier erhalten Sie Infos über Stadt und Umgebung. Von dort geht es die Montfortstraße hinauf zur im 12. Jh. neu gegründeten Oberstadt. Sie biegen rechts in die Römerstraße und unmittelbar hinter dem Neuen Landhaus links in den Stadtsteig ab. Ein steiler Weg führt zur Oberstadt hinauf. Durch den Thurn-und-Taxis-Park und die Gallusstraße gelangen Sie dann über die Meißnerstiege zur **St. Gallus-Kirche** und zum Kloster Thalbach. Sehenswert ist das alte Stadttor mit einer Kopie der keltischen Pferdegöttin Epona aus dem 1. Jh. Durch ein schönes Altstadtensemble erreichen Sie den Ehre-Guta-Platz mit dem Alten Rathaus. Der Platz vor dem **Martinsturm** zählt sicher zu den schönsten der Landeshauptstadt. Ein Blick über Unterstadt und See, und Sie steigen über die Maurachgasse zurück zur Unterstadt.

Falls Ihnen nun nach einem Kaffee oder nach Shopping ist: Am Leutbühel Ecke Römerstraße/Kaiserstraße befindet sich das moderne Stadtzentrum mit Fußgängerzone. Sie folgen der Kaiserstraße und biegen rechts zum Kornmarktplatz ab. Dienstags und freitags ist hier Fisch- und Gemüsemarkt. Links am Karl-Tizian-Platz steht monolithisch und als Solitär das mit dem Mies-van-der-Rohe-Preis ausgezeichnete **Kunsthaus**. Es wurde nach Plänen des Architekten Peter Zumthor 1991–1997 erbaut.

Über die Seestraße und den beschrankten Bahnübergang gelangen Sie zum zweiten Teil Ihres Spaziergangs entlang der Seepromenade (übrigens: Falls Sie Ihr Fahrrad oder Inlineskates dabei haben, die Wege am See sind asphaltiert!). Vorbei an der Bootsvermietung am Bootshafen kommen Sie zu **Seebühne** und **Festspielhaus**; nach Passieren von Strandbad, Seehallenbad und Casino geht's zum Musikpavillon. Hier finden regelmäßig Promenadenkonzerte statt. Schließlich unterqueren Sie die Bahnlinien und gelangen so zurück zum Tourismushaus, dem Ausgangspunkt Ihres Spaziergangs. Dauer: ca. 2,5 Std.

ÜBERNACHTEN

Deuring Schlössle ¶¶ ▸ S. 61, c 3
Stuck und Design • Familie Hubers preisgekröntes Haus zeichnet sich nicht nur durch einen der Starköche Österreichs, Heino Huber, aus. Auch die Übernachtung in einem stilechten Fachwerkhaus am Platz der Frau Guta ist ihren Preis wert. Ehre-Guta-Platz 4 • Tel. 0 55 74/ 4 78 00 • www.deuring-schloessle. at • 13 Zimmer • ⚞ • €€€€

Germania ▸ S. 61, c 1
Modern und funktional • Das ansprechend gestaltete Haus bietet im Anfang der 1990er-Jahre entstandenen Erweiterungsbau umfassende Sauna- und Wellnessangebote, wo Aktivität und Erholung in optimaler Weise zusammentreffen. Am Steinenbach 9 • Tel. 0 55 74/ 42 76 60 • www.hotel-germania.at • 37 Zimmer • ♿ • ⚞ • €€€

Schwärzler ▸ S. 61, südl. b 4
Zurückhaltend elegant • Das freundlich und stilvoll eingerichtete Stadthotel ist von viel Natur umgeben

und entsprechend ruhig. Trotzdem erreichen Sie in 15 Gehminuten das Stadtzentrum von Bregenz.
Landstr. 9 • Tel. 0 55 74/49 90 • http://schwaerzler.s-hotels.com • 76 Zimmer • 🚗 • €€€

ESSEN UND TRINKEN

Neubeck   ▸ S. 61, c 2

Elegant mit Wintergarten • Innerhalb von wenigen Jahren hat sich das außergewöhnlich eingerichtete Restaurant von Werner und Nina Sotriffer im Stadtzentrum zu einer hoch gelobten Adresse am Bodensee entwickelt. Die Idee ist so einfach wie genial: Es gibt ein Gourmet-Wahlmenü mit vier Gängen; Sie wählen aus je vier Vorspeisen, Hauptspeisen und Desserts. Die Küche verbindet klassische Gerichte mit internationalen Einsprengseln. Übrigens: Gute Weine gibt es hier auch glasweise.
Anton-Schneider-Str. 5 • Tel. 0 55 74/ 4 36 09 • www.neubeck.at • Mi–So 11.45–14, abends ab 18 Uhr • €€€€

Gebhardsberg   ▸ S. 61, südl. b 4

Weinkeller im Wasserturm • Ob im malerischen Burghof oder in der Vinothek im Turm – der Gebhardsberg (▸ S. 60) liefert ein geschichtsträchtiges Fundament für eines der führenden Restaurants von Bregenz. Hier bekommen Sie alles, von der einfachen, aber schmackhaften Vesper bis zum romantischen fünfgängigen Dinner mit Sonnenuntergang.
Gebhardsberg 1 • Tel. 0 55 74/ 4 25 15 • www.greber.cc • tgl. ab 10 Uhr, Okt.–April Mo geschl. • €€€

EINKAUFEN

Chez Jean Paul   ▸ S. 61, c 3

Hier gibt es französische Delikatessen von Pasteten bis Mousses, die man auch im angeschlossenen Bistro genießen kann.
Kirchstr. 9 • Tel. 0 55 74/4 83 17 • www.chez-jeanpaul.com

Fredis Käslädele   ▸ S. 61, c 2

Vorarlberger Käse ist etwas Besonderes. Falls Sie nicht die Zeit für einen Abstecher zu den Dorf- und Bergsennereien entlang der Käsestraße Bregenzerwald (▸ S. 21) haben, finden Sie beim »Käsepapst« eine ebenfalls gute und umfangreiche Auswahl.
Deuringstr. 9 • Tel. 0 55 74/4 39 16 • www.kaesefredi.eu

Michele Hof   ▸ S. 121, E 10

Albert Büchele stellt einen der besten Schnäpse in der Bodenseeregion her und verkauft diesen im architektonisch gelungenen Neubau mit Schnapsbrennerei in Hard am Bodensee, einer kleinen Ortschaft 5 km südwestlich von Bregenz. Im Sortiment sind zwei Dutzend verschiedene Brände, darunter der überregional bekannte Subira-Schnaps, hergestellt aus der – zugegebenermaßen weniger poetisch klingenden – Saubirne.
Hard am Bodensee, Marktstr. 26 • Tel. 0 55 74/7 24 12 • www.michelehof.at

AM ABEND

Casino   ▸ S. 61, a 2

Von »Easy Poker« bis zu musikalischen Casino-Matineen reicht das Spiele-Angebot im vom Architekten Zumthor entworfenen Haus. 300 000 Gäste pro Jahr setzen mehr als 300 Millionen Euro um. 90 Prozent davon fließen wieder in ihre Taschen zurück.
Am Symphonikerplatz 3 • Tel. 0 55 74/ 4 51 27 • www.casinos.at • tgl. ab 15, Automaten ab 12 Uhr

Das KUB Café (▶S. 65) im Bregenzer Kunsthaus ist in Farbe und Stil ganz auf Peter Zumthors Architekturkonzept abgestimmt. Für Farbtupfer müssen die Gäste sorgen.

Cuba ▶ S. 61, b 2

In der kleinen Bar in der Fußgängerzone gibt es neben House und Disco auch Salsa, Merengue, Funk & Soul. Mittwochs und donnerstags finden gelegentlich Konzerte statt.
Bahnhofstr. 9 • Tel. 0 55 74/4 70 52 • www.cuba-club.at • Mo–Sa 11–4, So 14–4 Uhr

Kino Metro ▶ S. 61, westl. a 3

Bregenz' einziges Kino zeigt in drei Sälen Mainstream in Dolby-Digital.
Rheinstr. 25 • www.metrokino bregenz.at

KUB Café ▶ S. 61, c 2

Abends und nachts eine klassische Cocktailbar, tagsüber ein kleines, feines Design-Café und Restaurant. Bei schönem Wetter im Sommer genießen die Gäste auf den Außensitzplätzen neben dem schwarzgrauen Interieur das Azurblau des Bodenseehimmels.
Karl-Tizian-Platz • Tel. 0 55 74/ 5 41 37 • tgl. 9.30–1.30 Uhr

Theater am Kornmarkt ▶ S. 61, c 2

Das feste Ensemble des Vorarlberger Landestheaters spielt seit 1946 im

1838 als Kornhaus geplanten Gebäude. 1994 wurde in einem neuen Bau zwischen Theater und Museum mit der Probebühne ein zweiter Aufführungsort eröffnet. Auf dem Spielplan stehen neben klassischen Stücken zeitgenössisches Theater sowie Jugend- und Kindertheater.

Seestr. 2 • Tel. 0 55 74/42 87 06 00 • www.landestheater.org

Theater Kosmos ▸ S. 61, westl. a 4

Zeitgenössisches Theater präsentieren die Gründer und Leiter des Theaters, Augustin Jagg und Hubert Dragaschnig. 2005 bezog das Ensemble mit dem »shed8« eine eigene Spielstätte, in der jährlich vier Produktionen, darunter zahlreiche deutschsprachige Uraufführungen, realisiert werden.

Mariahilfstr. 29 • Tel. 0 55 74/ 4 40 34 • www.theaterkosmos.at

SERVICE
AUSKUNFT
Tourismushaus ▸ S. 61, c 2

Bahnhofstr. 14 • Infos Bregenz: Tel. 0 55 74/4 95 90 • Infos Vorarlberg: Tel. 0 55 74/42 52 50 • www. bregenz.ws

SPORT UND FREIZEIT

Wassersport ist entlang des gesamten österreichischen Ufers gestattet. **Strandbad** und **Seehallenbad** (Tel. 0 55 74/4 42 42) sowie eine **Wasserskischule** (Tel. 06 50/7 86 87 31) liegen am Strandweg in Nähe des Festspielhauses. Eine **Bootsvermietung** gibt es am Bootshafen an der Seepromenade. Wer sich im **Windsurfing** versuchen will, wird am Wocherhafen Richtung Hard fündig. Segelfreunde gehen zur **Segelschule** in Lochau (Tel. 0 55 74/5 22 47).

Tennis können Sie auf den Freiplätzen des Tennisclubs Bregenz (www. tcbregenz.at) oder der Sporthalle Bregenz (Tel. 0 55 74/7 77 73, www. diesporthalle.at) spielen. Hier besteht auch eine Möglichkeit zum **Indoorgolf**.

Ziele in der Umgebung
◎ **Dornbirn** ▸ S. 121, F 11
45 650 Einwohner

Die größte Stadt Vorarlbergs liegt am Ausgang der **Rappenlochschlucht** (▸ S. 67) in der Rheinebene, nur wenige Kilometer vom Bodenseeufer entfernt. Besonders sehenswert in der Messestadt sind der von Bürgerhäusern aus dem 18. Jh. umgebene Marktplatz sowie die klassizistische Stadtkirche St. Martin mit freistehendem Glockenturm. Sehr lohnenswert ist auch eine Fahrt auf Dornbirns Hausberg Karren mit Panoramarestaurant, von wo eine gute Fernsicht auf Bodensee, Alpen und Rheintal besteht.

9 km südl. von Bregenz

MUSEEN
Inatura 👫

Tier- und Pflanzenwelt Vorarlbergs erlebbar zu machen und zu dokumentieren – dies ist das Ziel des Naturkundemuseums. Ein Rundgang durch die Hallen der ehemaligen Maschinenfabrik führt die Besucher durch die Lebensräume Gebirge, Wald, Wasser und Stadt und bereitet die Themenbereiche mithilfe modernster museumspädagogischer Mittel und Medien interessant und verständlich auf. Ein Besuch ist auf spannende Weise sehr lehrreich.

Jahngasse 9 • Tel. 0 55 72/2 32 35 • www.inatura.at • tgl. 10–18 Uhr • Eintritt 9,50 €, Kinder 4,80 €

Rolls-Royce-Museum 👫

Das weltgrößte Rolls-Royce-Museum befindet sich in einem ehemaligen Spinnereigebäude und stellt auf drei Stockwerken über 1000 Exponate (Fahrzeuge und Zubehör) aus.
Gütle 11 a • Tel. 0 55 72/5 26 52 • www.rolls-royce-museum.at • April–Okt. Di–So 10–18, Nov.–März 10–17 Uhr • Eintritt 8 €, Kinder 4 €

ÜBERNACHTEN

Rickatschwende

▶ grüner reisen, S. 17

◎ Rappenlochschlucht

▶ S. 121, F 11

Eine der größten und faszinierendsten Schluchten der Ostalpen wurde von der Dornbirner Ach in den Fels gefressen, die bei Dornbirn in die Rheinebene mündet. Vom Parkplatz Gütle aus können Sie von Anfang April bis Ende Oktober durch die bis zu 80 m tief eingeschnittene Klamm wandern. Durch Tunnels und teilweise auf Holzstegen gelangen Sie zum Staufensee mit Wasserschloss und – falls Sie gut zu Fuß sind – gar weiter zur noch engeren Alplochklamm. Auf Ihrem Weg können Sie viele geologische Besonderheiten wie Faltungen, Harnische und Versteinerungen sehen.
www.rappenlochschlucht.at • Anreise: Von Bregenz fahren an Sonn- und Feiertagen Busse
15 km südöstl. von Bregenz

◎ Rheindelta

▶ S. 121, E 10

Zwischen dem Alten Rhein an der Grenze zur Schweiz und der Dornbirnerach befindet sich das Naturschutzgebiet Rheindelta. Neben der Bedeutung als Naturschutzgebiet bieten zwei Uferbereiche im Delta attraktive Angebote für Badegäste und Wassersportler. Insbesondere die Sandbadeplätze in der Fußacher Bucht und am Hafen Salzmann ziehen im Sommer viele Sonnenhungrige an. Restaurant, ein Freizeithafen mit 190 Booten, Wasserski-, Surf- und Wakeboardangebote, FKK-Gelände, Fahrradverleih – hier bleibt kaum ein Wunsch unerfüllt.
Rheindeltahaus: Hard, Im Böschen 25 • Tel. 0 55 78/7 44 78
8 km südwestl. von Bregenz

ESSEN UND TRINKEN

Seerestaurant Rohrspitz

▶ S. 121, D 10

Bodenseefisch am Jachthafen • Fischspezialitäten und deftige regionale Küche gibt es im Panoramasaal oder bei schönem Wetter auf der Sonnenterrasse.
Rohrspitz, Parkplatz Salzmann • Tel. 0 55 78/7 61 24 • www.rohrspitz.com • €€

◎ Schwarzenberg ▶ S. 121, F 10

1576 Einwohner

Schwarzenberg, einer der ältesten Orte in Vorarlberg, befindet sich im hinteren Bregenzerwald. Wunderschön ist der Dorfplatz, dessen umstehende Häuser zum großen Teil unter Denkmalschutz stehen. Einen Blick in den Vorarlberger Barock erlaubt die Dorfkirche, deren Hochaltarbild und zwölf Freskenbilder der Apostel in den Jahren 1799 bis 1801 von der Schwarzenberger Malerin Angelika Kauffmann gefertigt wurden. Ihr Vaterhaus ist als eines der sehenswerten Bauernhäuser des Ortes erhalten; ein kleines Museum erinnert an die international renommierte Künstlerin.
25 km südöstl. von Bregenz

Schweizer Ufer

Das südliche Oberseeufer zeigt das freundliche Gesicht der Ostschweiz. Ein reiches Hinterland, allem voran St. Gallen mit seinem großartigen Kloster, rundet das Bild harmonisch ab.

◄ Malerisch präsentiert sich der Ort Steinach im Kanton St. Gallen (▶ S. 69) vor den sanft ansteigenden Hügelketten.

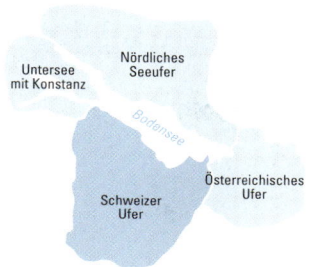

Die Schweiz hört hinter Winterthur auf, sagen Spötter. Doch das Gegenteil ist der Fall: Die an den Obersee grenzenden **Kantone St. Gallen** und **Thurgau** warten mit einem reizvollen Mix aus Schweizer Urqualitäten auf. Dieser umfasst zum einen eine reizvoll-weiche Seelandschaft, deren Anziehungskraft stets auf Dichter und Maler wirkte. Friedrich Hölderlin schrieb nicht umsonst vom »hellen Himmelblau« und der »reinen Sonne über den Alpen«. Im Künstlerdorf Uttwil westlich von Romanshorn kann man diese Worte leicht nachempfinden.

Zum anderen bieten die Schweizer Kantone kulturelle Highlights wie etwa das **Kloster St. Gallen**, eine der prachtvollsten christlichen Klosteranlagen, die im Mittelalter als prägendstes geistiges Zentrum Europas galt. Und schließlich, nur wenige Kilometer südlich von St. Gallen, im Appenzeller Land, erhebt sich der **Säntis** 🔟 mächtig bis auf eine Höhe von 2504 m. Nein, die Schweiz hört nicht hinter Winterthur auf, sie fängt am Obersee an!

St. Gallen ▶ S. 120, B 10

75 200 Einwohner
Stadtplan ▶ Klappe hinten

St. Gallen ist das kulturelle und wirtschaftliche Zentrum der Ostschweiz. Die Stadt ist in drei Stadtkreise, Ost, Centrum und West, unterteilt. Die Quartiere, ehemals selbstständige Ortschaften, erstrecken sich zwischen zwei parallel verlaufenden Hügeln, Rosenberg im Norden und Freudenberg im Süden. Die Altstadt mit der Klosteranlage ist ein Quartier im Centrum.

Aus den Anfängen der Stadt im Jahr 612, als der irische Wandermönch Gallus von Bregenz kommend im oberen Tal der Steinach seine Einsiedelei gründete, ist eine moderne und weltoffene Stadt entstanden. Die erkergeschmückten und bemalten Bürgerhäuser der Altstadt und der als UNESCO-Welterbe ausgewiesene Stiftsbezirk bilden die touristischen Hauptanziehungspunkte.

SEHENSWERTES

Roter Teppich ▶ Klappe hinten, a 3

Seit November 2005 ist die St. Galler Altstadt um eine Attraktion reicher: Das Freiraumprojekt der Schweizer Künstlerin Pipilotti Rist und des Architekten Carlos Martinez verwandelte das Innenstadtquartier Bleicheli in eine rote »Stadtlounge«.
Raiffeisenplatz

Stiftsbezirk ▶ Klappe hinten, b 2/3

Touristisches Highlight von St. Gallen ist zweifellos der Stiftsbezirk in der Altstadt. Seine Gründung geht auf das Wirken des irischen Wandermönchs Gallus zurück, der von Bregenz kommend im oberen Tal der Steinach eine Einsiedelei gründete. Gemeinsam mit einer kleinen Gefolgschaft, die ihn als Abt anerkannte,

entstand ein einfaches Waldkloster,
aus dem sich in den folgenden Jahr-
hunderten eine machtvolle Abtei mit
angeschlossener Handwerkssied-
lung entwickelte. Ab dem 9. Jh. waren Kloster und Stadt kulturell wie
politisch zu einer überregional be-
deutsamen Macht herangewachsen.
Dies spiegelt sich in der Tatsache wi-
der, dass damals der St. Galler Abt
gleichzeitig die Position des Reichs-
fürsten einnahm.

Die **Stiftsbibliothek** 🔴**5** entstand
von 1758 bis 1767 und gilt als schöns-
ter Rokoko-Saal der Schweiz.
150 000 Bände und 450 Original-
handschriften umfasst der Fundus,
der bis ins Frühmittelalter zurück-
reicht. Einige der ausgestellten
Handschriften gehören zum Kost-
barsten, was es in diesem Bereich zu
sehen gibt. Unter den 2000 Doku-
menten datieren etwa 400 auf die
Jahre vor 1000. Unter ihnen findet

sich auch das vermutlich älteste erhaltene deutschsprachige Buch, ein
lateinisch-althochdeutsches Glossar,
welches nach seinem ersten Eintrag
»abrogans« (= bescheiden, demütig)
genannt wird. Ebenfalls unter den
Schriften ist der älteste Klosterplan
der Welt zu bewundern. Er wurde im
9. Jh. auf der Reichenau gezeichnet
und stellt das Ideal eines benedikti-
nischen Klosters dar.

Der Neubau der Stiftskirche **St. Gallus und Otmar** geschah fast zeit-
gleich mit dem neuen Bibliotheks-
saal in den Jahren 1755 bis 1765. Die
Kanzel wurde 1786, der klassizistische Hochaltar und die Empore 1810
fertiggestellt. Die Kirche mit den beiden 68 m hohen Doppeltürmen
zählt zu den letzten monumentalen
Sakralbauten des Spätbarock. Die
schwäbischen Barockmaler und Fres-
kanten Joseph Wannenacher und Johann Christian Wentzinger besorg-
ten die Ausmalung des Chors, das
Chorgestühl fertigte Joseph Anton
Feuchtmayer. Der Überlieferung
nach liegen die sterblichen Überreste
von St. Gallus in der Ostkrypta, deren Kern aus dem 9. Jh. stammt.
– Stiftsbibliothek: Tel. 0 71/2 27
34 15 • www.stiftsbibliothek.ch •
Mo–Sa 10–17, So 10–16 Uhr • Eintritt 10 CHF, erm. 7 CHF
– Stiftskirche: Führungen Pius Bau-
mann, Domsakristan, Klosterhof 6a •
Tel. 0 71/7 12 27 33 88 • Besichtigung tgl. 9–18 Uhr, außer während
der Gottesdienste und Beichtzeiten

MUSEEN

Museum im Lagerhaus
▶ Klappe hinten, westl. a 3
Die Stiftung für schweizerische naive
Kunst und »Art brut« zeigt im Lager-
haus Wechselausstellungen sowie

interessante Arbeiten aus der stiftseigenen Sammlung.

Davidstr. 44 • Tel. 0 71/2 23 58 57 • www.museumimlagerhaus.ch • Di–Fr 14–18, Sa, So 12–17 Uhr • Eintritt 5 CHF, erm. 2,50 CHF

Spieldosenkabinett Labhart
▶ Schweizer Ufer, S. 72

Textilmuseum   ▶ Klappe hinten, a 2
Das Museum zeigt bereits seit 1886 einen geschichtlichen Überblick zur Textilherstellung. Es laufen aber auch Videos zur modernen digitalisierten Designumsetzung.

Vadianstr. 2 • Tel. 0 71/2 22 17 44 • www.textilmuseum.ch • tgl. 10–17 Uhr • Eintritt 10 CHF, Kinder frei

SPAZIERGANG

Stadtplan ▶ Klappe hinten

Der Spaziergang konzentriert sich auf die weitgehend verkehrsfreie Altstadt und beginnt am **Waaghaus** mit dem Sitzungssaal des Stadtparlaments. Sie gehen über die **Kugelgasse** weiter, beachten Sie dabei die reich verzierten Erker der Bürgerhäuser. Nach wenigen Hundert Metern stoßen Sie auf die **St. Laurenzen-Kirche** mit Aussichtsturm. Sie wurde Anfang des 16. Jh. mit der Einführung der Reformation zur Hauptkirche der reformierten Bürger St. Gallens. 1854 gestaltete man den Bau zu einer neugotischen Basilika um. Über die Spiserstraße gelangen Sie zum Spisertor, wo Sie rechts zum Pfalzkeller und zum Forum abbiegen. Zu Ihrer Linken sehen Sie das nach Kardinal Karl Borromäus benannte Karlstor, welches 1570 erbaut wurde und als einziges von ehemals elf Stadttoren erhalten ist. Durch einen mächtigen Durchlass betreten

Sie nun den begrünten weitflächigen Innenhof des **Stiftsbezirks** und gehen weiter zu **Stiftsbibliothek** und Dom. Über den Gallusplatz gelangen Sie zur **Schmiedgasse**. Bemerkenswert ist die Bemalung des Pelikan-Erkers, auf dessen Weltkarte Australien fehlt – es war noch nicht entdeckt! Über Bärenplatz und Marktgasse kehren Sie zurück zum Ausgangspunkt. Falls Sie noch Zeit haben, können Sie einen Schlenker durch Multergasse und Hinterlauben machen.

An einem schönen Tag lohnt sich die kurze Fahrt mit der **Mühleggbahn**, die Sie in zwei Minuten hinauf nach St. Georgen bringt. Von dort bietet sich eine herrliche Aussicht.

Dauer: ca. 2 Std.

ÜBERNACHTEN

City Weissenstein
▶ Klappe hinten, westl. a 3

Modern und stilvoll • Das gepflegte Stadthotel unter Führung des erfahrenen Hotelierpaars Frey bietet einen guten Ausgangspunkt für Ihren Aufenthalt in St. Gallen.

Davidstr. 22 • Tel. 0 71/2 28 06 28 • www.cityweissenstein.ch • 34 Zimmer • €€

ESSEN UND TRINKEN

Bekannt ist St. Gallen für seine sogenannten Erststockbeizli, Speiselokale im 1. Stock. Diese sind mit Holz getäfelt und bieten ein umfassendes Angebot – von deftigen Spezialitäten bis zur Haute Cuisine. Zu den bekanntesten zählen das **Bäumli** in der Schmiedgasse 18 (▶ Klappe hinten, b 2), das **Neubad** in der Bankgasse 6 (▶ Klappe hinten, a 2) und **Zum Goldenen Schäfli** in der Metzgergasse 5 (▶ Klappe hinten, b 1).

Außerdem ist St. Gallen die unbestrittene Wurstmetropole der Schweiz! Deftig und seit 1564 von der Metzgerzunft per Satzung qualitätsgesichert, darf eine echte St. Galler Bratwurst nur in St. Gallen und Umgebung hergestellt werden. Gegessen wird sie ohne Senf.

EINKAUFEN

Bischoff ▸ Klappe hinten, westl. a 2

Im Fabrikladen der Textilfabrik gibt es Stoffe, St. Galler Stickereien und Geschenkartikel.
Burgstr. 20 • Tel. 0 71/2 72 01 11 • www.bischoff-textil.com • Mi 13.30–17.30, Sa 9–12.30 Uhr

Confiserie Roggwiller

▸ Klappe hinten, b 2

Lebkuchen sind die süße Spezialität St. Gallens. Die hier verkauften St. Galler »Biber« bestehen aus einem besonders schweren Lebkuchenteig.

MERIAN-Tipp **8**

JUGENDSTIL-BAD AUF DEM FREUDENBERG

▸ Klappe hinten, südl. b 3

Eines der schönsten Naturbäder der Schweiz mit Jugendstil-Badehäusern befindet sich im kleinen Naturparadies Drei Weieren auf dem Freudenberg im Süden von St. Gallen. Die Naturweiher laden zum Baden und Verweilen ein, mit schönem Blick auf die Stadt.
St. Gallen, Freudenberg • Mai–Sept. geöffnet • Juni–Aug. kostenloser Bäderbus vom St. Galler Hauptbahnhof, Marktplatz und Spiserplatz oder Anfahrt mit der Mühleggbahn

---

Multergasse 17 • Tel. 0 71/2 22 50 92 • www.roggwiller.ch

Spieldosenkabinett Labhart

▸ Klappe hinten, b 1

In den Verkaufsräumen des alteingesessenen Uhren- und Schmuckladens ist das kleinste Museum der Schweiz integriert.
Marktgasse 23 • Tel. 0 71/2 22 50 60 • Führungen Di–Sa 11 Uhr

AM ABEND

Kino

22 Kinos zählt St. Gallen, eine Stadt für Cineasten. Das größte Filmtheater mit acht Sälen ist das Cinedome (St. Gallen-Abtwil, Bildstr. 1, Tel. 0 71/3 14 20 40). Kinos in der Altstadt sind Scala (Bohl 1, Tel. 0 71/ 2 28 08 60), Corso (Brühlgasse 35, Tel. 0 71/2 22 72 15) und Storchen (Magnihalden 7, Tel. 0 71/2 23 12 73).

Konzert und Theater

▸ Klappe hinten, c 1

Das moderne **Stadttheater** St. Gallen ist das älteste Berufstheater der Schweiz (seit 1801). Auf dem Spielplan stehen Oper, Operette, Musical, Tanz, Schauspiel und Kindertheater. Das **Sinfonieorchester** hat seine Heimat in der Tonhalle gleich neben dem Stadttheater. Eine zusätzliche Spielstätte des Theaters mit ungewöhnlicher Atmosphäre ist die ehemalige **Lokremise** am Bahnhof.
Museumsstr. 1/24 • Karten: Tel. 0 71/ 2 42 06 06 • www.theatersg.ch

SERVICE

AUSKUNFT

Verkehrsverein

▸ Klappe hinten, westl. a 2

Bahnhofplatz 1a • Tel. 0 71/2 27 37 37 • www.st.gallen-bodensee.ch

Glanzleistung des Rokoko: Die von Säulen und Bücherschränken umrahmte, reich verzierte Stiftsbibliothek (▶ S. 70) des Klosters St. Gallen ist ein kulturelles Highlight.

Ziele in der Umgebung

◎ **Appenzell**   ▶ S. 120, C 11

5600 Einwohner

Der Kanton Appenzell Innerrhoden ist mit 15 000 Einwohnern der kleinste der Schweiz. Sehenswert im gleichnamigen Hauptort Appenzell sind die bunt bemalten Bürgerhäuser. Besonders dicht stehen diese traditionellen Holzhäuser in der verkehrsfreien Hauptgasse. Einen Besuch wert ist auch die katholische Pfarrkirche St. Mauritius mit spätgotischem Chor und klassizisti-schem Kirchenschiff. Bäuerliches Leben und christlicher Glaube spielen nach wie vor eine wichtige Rolle in Appenzell. Alpfahrt, Stobede, die Viehschau im Herbst und die Fronleichnamsprozession durch die Landgemeinde werden von der gesamten Bevölkerung getragen und sind auch für Gäste ein besonders eindrucksvolles Erlebnis.

Der Ort ist außerdem ein guter Ausgangspunkt für Wanderungen ins Alpsteingebiet.

24 km südl. von St. Gallen

ÜBERNACHTEN/ESSEN UND TRINKEN

Hotel-Restaurant Traube

Appenzeller Gastlichkeit • Die Zimmer sind einfach und wohnlich, das Restaurant bietet gutbürgerliche Küche. Sehenswert in der Gaststube ist die Strickwand mit einer etwa 300 Jahre alten Holzbohlenmalerei.
Marktgasse 7 • Tel. 0 71/7 87 14 07 • www.hotel-traube.ch • 7 Zimmer • €€

◉ Arbon   ▸ S. 120, C 9

12 500 Einwohner

Seit 2000 Jahren verbindet eine Straße Bregenz mit Winterthur. An deren Verlauf entstand Mitte des 3. Jh. Arbor Felix, das heutige Arbon, mit einem kleinen Kastell. Auf dessen Fundamenten erhebt sich heute der alte Kern von Arbon. Der Ort hat sich zu einer modernen Stadt entwickelt. In den sehenswerten Altstadt-Gässchen sind jedoch weiterhin viele der älteren Häuser stehen geblieben. Dazu zählen das turmförmige Rathaus, die Häuser am Untertor und das Rote Haus, ein mit Skulpturen geschmückter Rokokobau.
17 km nördl. von St. Gallen

MUSEEN

Historisches Museum

Interessant sind die Abteilungen zur »Bodenseegfrörne« – so die Bezeichnung, wenn der Bodensee zur Gänze zufriert – sowie zum Jahrhunderthochwasser 1999.
Schloss Arbon • Tel. 0 71/4 46 60 10 • Mai–Sept. tgl. 14–17, Okt./Nov. und März/April So 14–17 Uhr • Eintritt 4 CHF, Schüler 2 CHF

Saft- und Brennereimuseum

Hier können Sie alte Gerätschaften bewundern und die seit 1895 bestehende Mosterei Möhl besichtigen.

Stachen-Arbon, St. Gallerstr. 213 • Tel. 0 71/4 47 40 74 • www.moehl.ch • Mo–Fr 8–12 und 13.30–18.30, Sa 8–17 Uhr

Saurer Oldtimermuseum

In der ehemaligen Industriehalle nahe dem Seeparksaal stellt der Oldtimer-Club Saurer restaurierte Lastwagen und Busse aus der 1980 eingestellten Produktion der Maschinenfabrik aus.
Grabenstr. 6 • Tel. 0 71/2 43 57 57 • www.saureroldtimer.ch • April–Okt. 1. Wochenende des Monats Sa und So 13.30–17 Uhr • Eintritt 5 CHF, Führungen (auch außerhalb der Öffnungszeiten) ab 9 Personen 50 CHF

ÜBERNACHTEN

Bad Horn   ▸ S. 120, C 10

Seefahrerromantik am Hafen • Das 1827 als Molkekur- und Badeanstalt erbaute Themenhotel mit eigenem Hafen steht unter der Leitung von Urs Matt. Ob Captain's Kajüte, Admiralssuite oder Blue Flat – das Haus bietet seinen Gästen gediegene Schiffsatmosphäre direkt am See.
Horn, Seestr. 36 • Tel. 0 71/8 41 55 11 • www.badhorn.ch • 56 Zimmer • ♿ ⚓ 🐾 • €€€

◉ Hagenwil   ▸ S. 120, A/B 9

In Hagenwil befindet sich mit **Schloss Hagenwil** eines der besterhaltenen Wasserschlösser der Schweiz und eine der größten Sehenswürdigkeiten des Thurgau. Ältester Teil ist der Wohnturm aus dem 13. Jh. 1786 wurde ein Fachwerkaufbau auf die Schlossmauern gesetzt, um die Sommerresidenz der neuen Besitzer, der Äbte von St. Gallen, komfortabler zu gestalten. Kurz darauf kaufte Benedikt Angehrn die

Burg; seine Nachfahren bauten sie ab 1931 zur Gaststätte um. Seit 2004 wird im neu eröffneten Restaurant gutbürgerliche Küche serviert.

Schloss Hagenwil, Amriswil • Tel. 0 71/4 11 19 13 • www.schloss-hagenwil.ch • Restaurant Di nachmittags und Mi geschl.

16 km nördl. von St. Gallen

◎ Heiden ▸ S. 121, D 10

4000 Einwohner

Das vom Stil des Biedermeier geprägte Dorfbild hat seine Ursache in einem verheerenden Brand im Jahr 1838. In den folgenden Jahrzehnten entwickelte sich Heiden zu einem europaweit bekannten Molkenkurort, eine Tradition, nach der auch heute wieder Kuren angeboten werden. Sehenswert ist neben dem Dorfbild auch das **Henry Dunant Museum** (Tel. 0 71/8 91 44 04, www. dunant-museum.ch), das dem Gründer des Roten Kreuzes und seinem Lebenswerk gewidmet ist.

12 km östl. von St. Gallen

◎ Romanshorn ▸ S. 120, B 9

8400 Einwohner

1855 wurde Romanshorn zum Endpunkt der Thurtal-Eisenbahnlinie, von wo aus Schiffe die Weiterreise nach Deutschland ermöglichen sollten – und damit zum größten Schiffshafen am Bodensee. Heutzutage bietet der Ort die Vorzüge einer zentralen Ausgangsposition für Ausflüge über den See und ins österreichische und Schweizer Bergland.

26 km nördl. von St. Gallen

◎ Rorschach ▸ S. 120, C 10

9500 Einwohner

Rorschach ist die einzige Stadt des Kantons St. Gallen direkt am See.

Noch heute beweisen die stattlichen Bürgerhäuser in der Ortsmitte, dass Rorschach im Mittelalter die wichtigste Hafenstadt am Südufer war. In Rorschacherberg oberhalb der Stadt befinden sich fünf Burgen und Schlösser: das **St. Annaschloss**, die Schlösser **Wartegg** und **Wartensee** sowie das Möttelischloss **Sulzberg** und das Schlössli **Wiggen**. Wahrzeichen der Stadt ist das **Kornhaus**, einer der schönsten Getreidespeicher der Schweiz. Unbedingt sehenswert ist auch das **Kloster Mariaberg**, 1487 bis 1489 erbaut, das nie als Kloster genutzt wurde.

11 km nördöstl. von St. Gallen

SEHENSWERTES

Rorschach-Heiden-Zahnradbahn

Von der Ortschaft Rorschach aus verkehrt eine traditionsreiche Bergbahnlinie zum Biedermeierdorf Heiden. Von diesem Luftkurort im Appenzellerland genießen Sie einen wunderbaren Panoramablick.

ÜBERNACHTEN/ESSEN UND TRINKEN

Parkhotel Waldau

Viel Stil und Ambiente • Fitness, Sauna, eigene Tennisplätze – Sportbegeisterte sind in dem behaglichen Spitzenhotel gut aufgehoben.

Rorschacherberg, Seebleichestraße • Tel. 0 71/8 58 70 70 • www.parkhotel-waldau.ch • €€€

Schloss Wartegg ♟♟

Modernes Schloss mit Weitsicht • Der gesamte Hotelbereich ist rauchfrei, das Restaurant kocht mit eigenem Bio-Gemüse. Auch Familienzimmer.

Rorschacherberg • Tel. 0 71/8 58 62 62 • www.wartegg.ch • ♿ • ♞ • €€

Untersee mit Konstanz Lebhafte

Universitätsstadt und verträumte Dörfer: Die Region um
Konstanz bietet schöne Kontraste. Auch Wald- und Ried-
landschaften prägen den ruhigsten Teil des Bodensees.

◀ Open-Air-Saison in Konstanz
(▶ S. 77): die stimmungsvolle City
der größten Stadt am Bodensee.

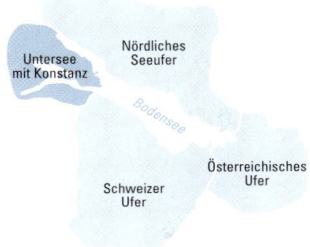

Untersee mit Konstanz
Nördliches Seeufer
Bodensee
Schweizer Ufer
Österreichisches Ufer

Konstanz, die heimliche Hauptstadt
am See, ist eine lebhafte und selbst-
bewusste Stadt links und rechts des
Rheins. Folgt man der Wasserströ-
mung in Richtung **Stein am Rhein**,
rücken die gegenüberliegenden Ufer
in den Blick, bis der Untersee sich
schließlich an seinem westlichen Ende zum Hochrhein verjüngt hat. Auf
der deutschen Uferseite sind es die
Höhenzüge der **Höri**, auf der
Schweizer Seite der Seerücken, die
dem See hier den Namen gaben. Inmitten des Untersees, der sich nochmals in Gnadensee und Zeller See
unterteilt, thront die **Reichenau**, die
größte Insel im Bodensee.

WUSSTEN SIE, DASS...

… der See von Konstanz bis Bregenz 46 km misst, so weit, dass
Sie auch bei hervorragender Sicht
die Masten eines vor Bregenz
kreuzenden Großseglers wegen
der Erdkrümmung nicht sehen
können?

Konstanz   ▶ S. 117, F 3

77 200 Einwohner
Stadtplan ▶ Klappe hinten

Konstanz ist das wissenschaftliche,
kulturelle und wirtschaftliche Zentrum des Bodensees; es wirkt jung
und international, liegt es doch unmittelbar an der Grenze zum schweizerischen Kreuzlingen.
Die grenznahe Lage war es wohl
auch, die die Konstanzer vor Bom-
benangriffen im Zweiten Weltkrieg
bewahrte. Der Bürgermeister wider-
setzte sich klugerweise dem allge-
meinen Verdunkelungsbefehl. So
konnten die bei Nacht anfliegenden
Alliierten das schweizerische Kreuzlingen und das ebenfalls hell erleuch-
tete Konstanz nicht voneinander unterscheiden. Das Ende des Krieges
brachte auch ein neuerliches Aufei-
nanderzugehen; zahlreiche gemeinsame Projekte wie beispielsweise das
Eisstadion »Bodenseearena« zeugen
vom Willen der Zusammenarbeit.
Zum Flair von Konstanz tragen ent-
scheidend die 9000 Studierenden
und über 1000 an der 1966 gegründeten Universität Tätigen bei. Dies
umso mehr, als die junge Hochschu-
le sich seit 2007 Exzellenzuniversität
nennen darf. Immerhin ist jeder ach-
te Konstanzer ein Student. Entsprechend lebhaft ist die Kneipen- und
Kulturszene und entsprechend jung
das Erscheinungsbild in den Straßen
der Stadt – eine Tatsache, die in einem interessanten Kontrast zur Altstadt steht, die auch Niederburg genannt wird.
Im Mittelalter war Konstanz Zentrum des Herzogtums Schwaben
und zugleich größtes Bistum jenseits
der Alpen. Diese Zeit ist die ge-
schichtlich bedeutsamste Phase der
Stadt. In den Jahren 1414 bis 1418
tagte das Konstanzer Konzil innerhalb der Stadtmauern. Über Jahre

hinweg wohnten und verhandelten Tausende von Abgesandten – Quellen sprechen von zeitweise 20 000 Teilnehmern – aus ganz Europa über die Neuwahl eines gemeinsamen Papstes. Lange Jahre mit Päpsten und Gegenpäpsten, Fürsten und Gegenfürsten waren vorausgegangen und hatten entsprechende Auseinandersetzungen verursacht. Die Stadt stand im Rampenlicht der Öffentlichkeit, und der See erhielt im nicht deutschsprachigen Ausland seinen Namen: Konstanzer See.

WUSSTEN SIE, DASS...

... die 9 m hohe, provokant-freche Statue der »Imperia« am Konstanzer Hafen das weltweit größte Denkmal für eine Prostituierte ist?

SEHENSWERTES

Imperia   ▶ Klappe hinten, c 4

Man sagt, dass zur Zeit des Konstanzer Konzils, als dessen »Kongresszentrum« sozusagen das Münster diente, neben Tausenden von kirchlichen und kaiserlichen Gesandten auch Tausende von Prostituierten in der Stadt weilten. Mancher Kardinal kam bereits in Begleitung. Der Bildhauer Peter Lenk hat diese delikate Tatsache 1994 zum Anlass genommen, der Stadt mit dem Standbild der Imperia ein Denkmal der besonderen Art auf den Hafenkai zu setzen. Die steinerne Schöne dreht sich in 90 Sekunden gewandt einmal um sich selbst, in ihren Händen Papst und Kaiser – eine gelungene Hommage an Konstanz' »wilde« Jahre. Nach anfänglich teils vehementer Ablehnung ist die Imperia inzwischen ein Wahrzeichen von Konstanz.

Moschee   ▶ Klappe hinten, a 1

An der Ecke Hindenburgstraße/Reichenaustraße wurde Ende des Jahres 2001 die Moschee mit dem höchsten Minarett in Deutschland eingeweiht. Das islamische Gotteshaus umfasst außerdem Wohnungen, Geschäfte und am Eingangsbereich ein öffentliches Café.
Reichenaustr. 30

Münster   6   ▶ Klappe hinten, b 4

Der ursprünglich karolingische Kirchenbau wurde im Jahr 1000 erbaut, stürzte jedoch bereits nach 52 Jahren wieder ein. Der romanische Neubau hielt länger und wurde über die ursprüngliche Krypta aus dem 9. Jh. gestellt. Die unterirdische Grabkammer ist mit Schmuckfeldern aus Kupfer versehen und hat Tageslicht. An dem Gotteshaus sind zahlreiche Baustile der folgenden Jahrhunderte ablesbar. Die Grundform ist dem Hirsauer Reformgedanken verbunden: Wenig Schmuck, dagegen strenge Linienführung und Proportionen symbolisieren Glaubenskraft und Ordensdisziplin.

Dem Münster wurden zwischen dem 12. und dem 15. Jh. gotische Seitenschiffe angefügt. Auch das Portal stammt aus dieser Zeit. In der Renaissance wurde die Orgel eingebaut, der Hochaltar entstammt dem Barock, die Turmspitze aus dem 19. Jh. ist dagegen neogotisch. Besonders imposant ist die »Schnegg« aus dem Jahr 1438, eine Spiraltreppe im nördlichen Kirchenschiff.

Durch den Kreuzgang gelangt man in die Mauritius-Rotunde, einen Rundbau, der der Grabeskirche Christi in Jerusalem nachgebaut ist und Mitte des 10. Jh. entstand. Das Heilige Grab in der Mitte wurde im

13. Jh. erneuert. Es war Ausgangs-
und Endpunkt mittelalterlicher
Wallfahrten, etwa des »Schwaben-
wegs« nach Santiago de Compostela.
Münsterplatz

MUSEEN

Archäologisches Landesmuseum
▸ Klappe hinten, c 2

Archäologie zum Anfassen auf drei
Stockwerken gibt es im ehemaligen
Benediktinerkloster in Petershausen.
Von keltischen Gräberfeldern bis zu
Porträts wichtiger Alemannenfürs-
ten, von Pfahlbauten bis zum ältes-
ten Schiff des Bodensees reicht der
Fokus der ständigen Ausstellung.
Lohnenswert ist auch der Besuch der
Wechselausstellungen.
Benediktinerplatz 5 • Tel. 0 75 31/
9 80 40 • www.konstanz.alm-bw.de •
Di–So 10–18 Uhr • Eintritt 3 €, Kinder
0,50 €, jeden ersten Sa im Monat
Eintritt frei

Hus Museum   ▸ Klappe hinten, a 5
Die Gedenkstätte ist dem Leben des
tschechischen Reformators und Na-
tionalhelden Jan Hus gewidmet. Im
Jahre 1412 kam er mit einem Schutz-
brief König Sigismunds zum Konstanzer Konzil, wurde trotzdem ver-
haftet und als Ketzer am 6. Juni 1415
in Konstanz öffentlich auf dem
Scheiterhaufen verbrannt.
Hussenstr. 64 • Tel. 0 75 31/2 90 42 •
April–Sept. Di–So 11–17, Okt.–März
Di–So 11–16 Uhr • Eintritt frei

Rosgartenmuseum
▸ Klappe hinten, b 5

Bereits seit 1871 dienen die Räume
des einstigen Zunfthauses der Metz-
ger als Ausstellungs- und Veranstal-
tungsräume. Themenschwerpunkte
sind Vor- und Frühgeschichte, mittelalterliche Tafelbilder, Skulpturen
und Handschriften sowie Einzelstü-
cke aus der Geschichte der Stadt.

Der Hafen von Konstanz, bewacht von der imposanten, rotierenden Statue der Imperia (▸ S. 78), ist einer der Dreh- und Angelpunkte der lebhaften Universitätsstadt.

Rosgartenstr. 3–5 • Tel. 0 75 31/
90 02 77 • Di–Fr 10–18, Sa, So und
feiertags 10–17 Uhr • Eintritt 3 €,
Kinder 1,50 €

Sea Life 👫

▶ Klappe hinten, c 5/6

Jährlich kommen 300 000 Besucher,
um die 3000 Süß- und Salzwassertie-
re in 30 Großaquarien anzuschauen.
Das Erfolgsrezept der englischen Firma Merlin, die weltweit 22 Zentren
dieser Art betreibt, besteht in der
Verbindung artgerechter Inszenie-
rung mit lokalen Bezügen. So ist der
Verlauf des Rheins zur Nordsee und
schließlich in den Atlantik Leitlinie
eines spannenden Rundgangs unter
Wasser. Im Gebäude befindet sich zudem das Bodensee-Naturmuseum.
Klein Venedig, Hafenstr. 9 •
Tel. 0 75 31/12 82 70 • www.sealife
europe.com • Mo–So ab 10 Uhr •
Eintritt 13,95 €, Kinder bis 14 J.
9,95 €

SPAZIERGANG

Stadtplan ▶ Klappe hinten

Der Spaziergang beginnt beim **Konzilgebäude**. Hier wurde im Jahre
1417 Martin V. zum Papst gewählt.
Heute dient das ehemalige Korn-
und Lagerhaus als Konzert- und Veranstaltungsort. Durch den Stadtgarten gelangen Sie zu einer Halbinsel,
auf der ab 1235 das Bettelordenklos-
ter stand. An dieser Stelle wirkte der
wichtige deutschsprachige Mystiker
Heinrich Seuse. Heute befindet sich
hier – teilweise in den Räumen des
ehemaligen Dominikanerklosters –
das traditionsreiche Steigenberger
Inselhotel. Das frühere Kirchenschiff
wird als Festsaal genutzt. Gotische
Wandmalereien, teilweise von vor
1276, gehören zu den ältesten ihrer

Art. Besichtigungen sind nach Vor-
anmeldung möglich. Bemerkenswert überdies: Hier wurde im Jahre
1838 Graf Zeppelin geboren – natürlich, nachdem das Kloster 1785 aufgehoben worden war!

Entlang des Susosteigs erreichen Sie
die Rheinbrücke. Hier verschmälert
sich der Bodensee zum Rhein. Auf
der gegenüberliegenden Buchtseite
stehen prächtige Jugendstilgebäude.
Wenn Sie ein wenig Zeit haben: Ein
Gang hinüber lohnt. Falls Sie zudem
in Spiellaune sind, umso besser – in
der Seestraße 21 befindet sich das
Casino der Stadt.

Sie unterqueren die Konzilstraße
und gelangen so zum **Rheintorturm**
und zum Pulverturm. Der Rheintorturm wurde um 1200 erbaut und war
Teil der zu großen Teilen geschleiften
Stadtmauer; der wenige Hundert
Meter entfernte **Pulverturm** diente
zeitweise als Gefängnis der Stadt.

Beim Rheintorturm wechseln Sie
über den Rheinsteig zur Rheingasse.
Sie befinden sich nun im ältesten Teil
der Stadt, der **Niederburg**. Dieses
Gebiet zwischen Rhein und Münster
war bereits in keltischer Zeit besie-
delt. Seinen Namen erhielt das Viertel vermutlich, um es von der Bi-
schofsburg rund um die Kathedrale
zu unterscheiden. Sie gehen durch
ein Ensemble aus Gassen, dessen
Häuser teilweise aus dem 13. Jh.
stammen. Im Mittelalter lebten hier
vornehmlich Handwerker und
Händler, heute teilen sich Studenten
und alteingesessene Bürger die Häuser. Bemerkenswert im stimmungs-
vollen Viertel mit seinen kleinen
Boutiquen, Restaurants und Wein-
stuben ist das **Dominikanerkloster
Zoffingen**. Es wurde 1257 gegründet
und ist der einzige Konvent, der der

Hinter der Fassade verbirgt sich eine viel besuchte Attraktion in Konstanz: der Unterwasserpark Sea Life (▶ S. 80), der einzigartige Einblicke in die Unterwasserwelt bietet.

Säkularisation nicht zum Opfer fiel, da er bereits 1775 eine Mädchenschule beherbergte. Mit wenigen Schritten erreichen Sie von hier das **Konstanzer Münster** 🔯 , den geografischen wie kulturellen Höhepunkt der Stadt. Nach einer ausgiebigen Besichtigung gehen Sie über die Katzgasse zum Lenk-Brunnen. Peter Lenk ist einer der interessantesten Künstler des Bodenseeraums. Neben der Imperia am Hafen hat er für die Stadt dieses Wasserspiel entworfen, das in seiner subtil-ironischen Art unser heutiges Freizeitverhalten karikiert.

Über die Torgasse gelangen Sie nun zur **Stephanskirche**. Sie war während des Konzils Tagungsort des Gerichts; im Innern besonders interessant sind neben dem Gestühl aus dem 13. Jh. die Rundbogenfenster mit spätgotischer Glasmalerei. Vorbei an sehenswerten Häusern in der Wessenbergstraße kommen Sie zum Obermarkt mit seinen prächtigen Giebeln und Erkern. Hier befand sich einst eine der zwei Richtstätten der alten Reichsstadt. Im weiteren Verlauf führt Sie der Weg zum **Rathausensemble**. Besonders sehenswert ist der Innenhof, der ganz im Stil der italienischen Renaissance gehalten ist.

Am Ende der Hussenstraße befindet sich das Schnetztor, davor das **Hus-Museum**. Über die Rosenstraße gelangen Sie zum **Rosgartenmuseum**. Das ehemalige Zunfthaus besitzt die bedeutsamste kultur- und kunstgeschichtliche Sammlung am Bodensee. Vorbei am vom Bildhauer Hans Baur neu gestalteten Kaiserbrunnen erreichen Sie über die Marktstätte wieder den Hafen. Dort begrüßt weithin sichtbar die steinerne **Imperia**, die zweite große Arbeit des Bildhauers Peter Lenk in der Stadt, die

Schiffe. Eine prächtige Promenade mit zahlreichen Restaurants, Cafés und einem gemütlichen Biergarten sorgt hier für den erholsamen Abschluss Ihres Spaziergangs.
Dauer: ca. 2,5 Std.

ÜBERNACHTEN

Hotel Riva ▸ Klappe hinten, östl. c 2
Modern und stylish • Das 2008 eröffnete geschmackvolle Hotel liegt direkt an der Seepromenade mit wunderschönem Blick.
Seestr. 25 • Tel. 0 75 31/36 30 90 • www.hotel-riva.de • 42 Zimmer, 3 Suiten • ♿ • €€€€

Steigenberger Inselhotel
▸ Klappe hinten, c 3
Alteuropäischer Glanz • Eines der schönsten und traditionsreichsten Hotels der Stadt und der ganzen Region, untergebracht im ehemaligen Dominikanerkloster. Hier erwartet

den Gast ein herrlicher Seeblick, geschickt renoviertes historisches Interieur und erstklassiger Service.
Auf der Insel • Tel. 0 75 31/12 50 • www.konstanz.steigenberger.de • 100 Zimmer, 2 Suiten • ♿ • 🐾 • €€€€

Villa Barleben am See
▸ Klappe hinten, östl. c2
Im spätnapoleonischen Stil • Acht individuell und geschmackvoll eingerichtete Zimmer machen einen Aufenthalt in der denkmalgeschützten Villa zum Urlaubserlebnis.
Seestr. 15 • Tel. 0 75 31/94 23 30 • www.hotel-barleben.de • 8 Zimmer • €€€€

Waldhaus Jakob
▸ Klappe hinten, c 2
Rustikal • Mitten im Freizeit- und Erholungsgebiet Horn in unmittelbarer Nähe zur Bodensee-Therme liegt das

Ein erholsamer Spaziergang an der Seepromenade gehört zu einem Besuch in Konstanz unbedingt dazu. Der Rheintorturm (▸ S. 80) am Ufer war einst Teil der Stadtmauer.

2006 renovierte Hotel im Stil eines russischen Landhauses.
Eichhornstr. 84 • Tel. 0 75 32/8 10 00 • www.waldhaus-jakob.de • 36 Zimmer • €€€

ESSEN UND TRINKEN
Cantina Rabaja

▶ Klappe hinten, a 5

Mediterran • Regionale und italienische Küche bietet eines der angesagtesten Restaurants der Stadt. Küchenchef Franz Wäschle kombiniert fast täglich von Neuem die frischen und schmackhaften Gerichte. Ausgezeichnete Auswahl an offenen Weinen. Reservierung ratsam, es gibt nur neun Tische!
Kreuzlingerstr. 7 • Tel. 0 75 31/ 91 68 84 • www.cantina-rabaja.de • Di–Sa 12–14 und Mo–Sa 18– 23 Uhr • €€€€

Hafenhalle ▶ Klappe hinten, c 4

Hafen und Seepromenade • Wild aus eigener Jagd oder Bodenseefisch serviert man in der rustikalen Hafenhalle. Abends auf der Terrasse gibt es Bodensee at it's best. Wer es weniger förmlich will, kann sich bei einer deftigen Brotzeit in den Biergarten setzen. Sonntags finden Dixie-Frühschoppen statt.
Hafenstr. 10 • Tel. 0 75 31/2 11 26 • www.hafenhalle.com • tgl. 10–1 Uhr • €€

Niederburg Weinstube

▶ Klappe hinten, b 3

Gemütlich • Wer sich zwischen den Weinsorten im Haus zur Mugge nicht entscheiden kann, dem hilft die freundliche Bedienung gern weiter.
Niederburggasse 7 • Tel. 0 75 31/ 2 97 47 • Mo, Di, Do–Sa 10–13, Mo, Di 15–18.30, Do, Fr 16–23.30 Uhr • €

Seekuh ▶ Klappe hinten, b 4

Studentenatmosphäre • Die Konstanzer Institution, eine Mischung aus Kneipe und Restaurant, besteht seit über 20 Jahren. Nach wie vor wird das Lokal gern von studentischem Publikum besucht. Bei Pasta, Pizza und Salaten ist es immer gut gefüllt. Schöner Biergarten unter Kastanien und besondere Atmosphäre, zentrale Lage in der Altstadt und in der Nähe des Sees. Regelmäßig Livemusik.
Konzilstr. 1 • Tel. 0 75 31/2 72 32 • www.seekuh.de • tgl. ab 18 Uhr • €

AM ABEND
Café Muse ▶ Klappe hinten, c 2

Das gemütlich-legere Bistro-Café im Archäologischen Landesmuseum ist auch für abends eine gute Ausgehadresse. Auf der reichhaltigen Speisekarte stehen neben Kaffee und Kuchen viele italienische Gerichte. Ein Biergarten unter schattigen Bäumen ergänzt das Angebot.
Benediktinerplatz 5 • Tel. 0 75 31/ 36 27 54 • Di–So 11–1 Uhr

Das Boot ▶ Klappe hinten, b/c 5

Die Disco auf Planken liegt fest am Hafen vertäut, und das ist auch gut so, denn nachts tanzt der Bär auf dem »Boot«, wenn DJs der europäischen Spitzenklasse auflegen. Das Musikangebot ist groß, meist wird jedoch House und HipHop gespielt.
Hafenstr. 6, Steg 6 • Tel. 0 75 31/ 2 02 43 • www.dasboot.de • im Sommer Fr und Sa ab 22 Uhr

K9 ▶ Klappe hinten, a 5

Das Kommunale Kunst- und Kulturzentrum bietet experimentelle Musik, Kleinkunst und Konzerte in einem Gewölbe der Paulskirche. Das

Publikum besteht überwiegend aus Studenten. Der Eingang zum K9 befindet sich gegenüber vom Kaufhaus Karstadt.
Hieronymusgasse 3 • Kartenreservierung: Tel. 0 75 31/1 67 13 • www.k9-kulturzentrum.de

Kulturzentrum am Münster 👫

▸ Klappe hinten, b 4

Im städtischen Kulturzentrum am Münster finden regelmäßig Ausstellungen, Theateraufführungen, Vorträge sowie Kinderprogramme statt.
Wessenbergstr. 39 • Tel. 0 75 31/ 90 09 00

Philharmonie ▸ Klappe hinten, c 4

Klassik live in geschichtsträchtigem Ambiente bieten die Südwestdeutschen Philharmoniker, die ihre Aufführungsstätte im Konstanzer Konzilgebäude haben. Das Orchester besteht seit über 70 Jahren und hat sich einen hervorragenden Namen erspielt.
Konzilgebäude • Kartenvorverkauf: Fischmarkt 2 • Tel. 0 75 31/90 01 50 • www.philharmonie-konstanz.de

Stadttheater ▸ Klappe hinten, b 3

Das Ensemble des Stadttheaters hat drei Spielorte: das Stadttheater in der Konzilstraße, die Spiegelhalle am Hafen und, als Spielort für das »junge theater«, die Werkstatt Inselgasse.
Inselgasse 2–6, Theaterkasse: Konzilstr. 11 • Tel. 0 75 31/90 01 50 • www.theaterkonstanz.de

SERVICE
AUSKUNFT
Touristinformation

▸ Klappe hinten, b 5

Bahnhofplatz 13 • Tel. 0 73 51/ 13 30 30 • www.konstanz.de

SPORT UND FREIZEIT
Baden
Bodenseetherme

▸ Klappe hinten, östl. c 2

In der Bodensee-Therme gibt es vier Saunen, ein Thermalaußen- und -innenbecken und einen Eltern-Kind-Bereich. Während der Sommersaison können das 50-m-Becken, das Nichtschwimmerbecken, die Großrutsche und die Kleinkindererlebnislandschaft mitgenutzt werden.
Wilhelm-von-Scholz-Weg 2 • www.bodensee-therme-konstanz.de • tgl. 9–22 Uhr • Eintritt Sauna, Thermalbad und Freibad ab 6 Jahre für 3,5 Std. 16 €, Thermalbad und Freibad 9 € (3 Std.), Kinder 6,50 €, Freibad 5 €, Kinder 3,50 €

Fahrradverleih
Kultur-Rädle Konstanz

▸ Klappe hinten, b 5

Bietet neben dem Verleih von Fahrrädern auch die Möglichkeit, sich geführten Tagesexkursionen mit dem Fahrrad anzuschließen.
Bahnhofsplatz 29 • Tel. 0 75 31/ 2 73 10 • www.kultur-raedle.de

Rundflüge
Flugplatz Konstanz

▸ Klappe hinten, westl. a 1

Die zweisitzigen Ultraleichtflugzeuge der ansässigen Flugschule stehen an regenfreien Tagen mit guten Sichtverhältnissen zu Rundflügen bereit. Die Flugstrecke kann frei gewählt werden, es werden aber auch Routen vorgeschlagen.
Flugschule am Flugplatz: Ultraleichtflug Konstanz, Reichenaustr. 278 • Tel. 0 75 31/92 44 6 • www.ultraleichtflug.de • Preis für 30 Min. 70 €, für 1 Std. 110 € pro Pers.

VERKEHR/PARKEN

Mit einer Konstanzer Gästekarte können Sie die städtischen Busse gratis nutzen. Ansonsten zahlen Sie für die einfache Busfahrt innerhalb der City-Zone 2 €, für Bus/Fähre 4,50 €, eine Tageskarte für den Bus kostet 3,90 €. Der Preis für eine Familientageskarte beträgt 6,60 €.

Es gibt in Konstanz zwei Parkzonen: Petershausen und Zentrum. Ein Parkleitsystem führt Sie zu freien Stellplätzen. Die erste halbe Stunde kostet 80 Cent, bis zu einer Stunde 1,40 €. Abends ab 19 Uhr gelten günstigere Tarife.

Ziele in der Umgebung

◎ Allensbach   ► S. 117, E 2
6800 Einwohner

Das zwischen Konstanz und Radolfzell gelegene Städtchen Allensbach ist vor allem durch das dort ansässige Institut für Demoskopie bundesweit bekannt. Die 724 vom Kloster Reichenau aus gegründete Gemeinde ist ein guter Ausgangspunkt für Ausflüge auf den Bodanrück (► MERIAN-Tipp, S. 91), einer höchst sehenswerten Kulturlandschaft zwischen Überlinger und Gnadensee, sowie die Inseln Mainau und Reichenau. Lohnend ist auch ein Besuch des **Wild- und Freizeitparks** (► S. 31), der mit Tiergehegen, Abenteuerspielplatz und Streichelzoo aufwartet.

Im Sommer ziehen die Konzertreihe »Jazz am See« mit international renommierten Musikern, die bereits seit über 20 Jahren stattfindenden beliebten Kinderwochen sowie zahlreiche kostenlose Veranstaltungen am Seeufer zahlreiche Besucher in die Gemeinde am Gnadensee.

9 km nordwestl. von Konstanz

ÜBERNACHTEN

Landgasthaus Mindelsee ♟♟

Lauschig am Wildpark • Das kleine Hotel liegt direkt am Wild- und Freizeitpark Allensbach (► S. 31). Die Hotelgäste haben freien Eintritt zum Gelände.
Gemeinmärk 7 • Tel. 0 75 33/ 93 16 13 • www.landgasthaus-mindelsee.de • 15 Zimmer • ♿ • ♞ auf Anfrage • €

◎ Ermatingen   ► S. 117, F 3
2800 Einwohner

Die älteste Gemeinde des Schweizer Kantons Thurgau liegt gegenüber der Insel Reichenau. Sehens- und einkehrenswert ist das älteste Gasthaus des Thurgaus: Das bereits 1270 urkundlich erwähnte **Hotel-Restaurant Adler** (Fruthwilerstr. 2) an der Durchgangsstraße ist leicht an seiner Freskenmalerei des spanischen Künstlers José Santez zu erkennen.

Wer etwas mehr Zeit hat, biegt zum Seeufer hin ab und gelangt nach wenigen Minuten in die ehemalige Fischersiedlung **Staad**, die sich als Landzunge in die flussartige Verbindung von Obersee zu Untersee streckt. Fischernetze hängen hier allerdings nicht mehr zum Trocknen aus; einen kulinarischen Ausgleich bieten freilich die zahlreich ausgehängten Speisekarten, die darauf hinweisen, dass Staad von Schweizern wie Deutschen wegen seiner guten Fischrestaurants gern besucht wird. Zu einem Verdauungsspaziergang lockt das **Ermatinger Ried.** Das Vogelreservat zieht sich entlang des »Ermatinger Beckens« vom Ermatinger Ortsteil Staad in östlicher Richtung über Triboltingen bis nach Gottlieben.

5 km westlich von Konstanz

SEHENSWERTES

Napoleonmuseum Arenenberg

▸ S. 117, E 3

Sicherlich eines der schönsten Schlösser am Bodensee liegt oberhalb von Ermatingen. Schloss Arenenberg war Wohnsitz von Hortense de Beauharnais und ihrem Sohn, dem späteren Kaiser Napoleon III. Im Innern ist die Originaleinrichtung zu bewundern. Zum prachtvollen Ambiente gesellt sich ein herrlicher Blick: im Süden der Schweizer Seerücken, im Norden die Insel Reichenau, die Höri und dahinter die Vulkankegel des Hegau.
Salenstein, am östlichen Ortsausgang von Ermatingen der Beschilderung folgen • Tel. 0 71/6 63 32 60 • www.napoleonmuseum.tg.ch • Di–So 10–17, Mitte April–Mitte Okt. zusätzl. Mo 13–17 Uhr • Eintritt 12 CHF, Schüler bis 16 J. 5 CHF

◎ Gottlieben

▸ S. 117, F 3

300 Einwohner

Trutzige Fachwerkbauten und verträumte Winkel prägen das Ortsbild einer der kleinsten Gemeinden der Schweiz. Ganz groß ist Gottlieben dagegen in Sachen gehobener Gastronomie. Nur von außen zu bewundern ist die 1251 unter dem Konstanzer Bischof Eberhard II. erbaute Wasserburg.
2 km westl. von Konstanz

SEHENSWERTES

Bodman-Haus

Das »Haus der Literatur Regio Bodensee« am Dorfplatz ist dem Schriftsteller Emanuel von Bodman (1874–1946) gewidmet. Der vielseitige Autor lebte hier bis zu seinem Tod. Diverse Ausstellungen, zahlreiche Lesungen und Seminare haben

die Stiftung rasch zu einer anerkannten Größe im Kulturleben der Bodenseeregion gemacht.
Dorfplatz 1 • Tel. 0 71/6 67 02 80 • www.bodmanhaus.ch

ÜBERNACHTEN/ESSEN UND TRINKEN

Drachenburg/Waaghaus

Nostalgie und Eleganz • In vier Häusern bietet das Hotel komfortable Zimmer in unterschiedlichem Ambiente. Die zwei Restaurants Drachenburg und Waaghaus bieten gehobene Küche à la carte.
Am Schlosspark 7+10 • Tel. 0 71/6 66 74 74 • www.drachenburg.ch • 60 Zimmer • Drachenburg Mi und Do geschl., Waaghaus tgl. geöffnet, ab Okt. Mo und Di geschl. • ♿ • 🐾 • Hotel €€€, Restaurant €€

Romantik-Hotel Krone

Direkt am See • Das mit Sorgfalt eingerichtete kleine Hotel befindet sich in einem der ältesten Bürgerhäuser des Ortes. Immer wieder auf der Speisekarte des überregional bekannten Gourmet-Restaurants »Schwarzer Schwan« sind Rezepte von einer der bekanntesten Köchinnen der Schweiz, Rosa Tschudi. Sie führte das Hotel bis 1981.
Seestr. 11 • Tel. 0 71/6 66 80 60 • www.romantikhotel-krone.ch • 25 Zimmer • 🐾 • Hotel €€, Restaurant €€

◎ Höri

▸ S117, D/E 2/3

Die Höri umfasst die Gemeinden **Gaienhofen**, **Moos** und **Öhningen**. Die Halbinsel wird von Zeller See und Untersee umragt, höchster Punkt ist der 708 m hohe Schiener Berg. Schon immer zog die außerordentlich reizvolle Landschaft Künstler und Ruhesuchende an – die

Die alljährlich in Moos (▶ S. 86) stattfindende Wasserprozession (▶ S. 24) ist ein sehenswertes Ereignis. Reich mit Blumen geschmückt gleiten die Boote über den See.

Region strahlt auch in den Hochsaisonmonaten, wenn am Obersee der Trubel seinen Höhepunkt erreicht, eine Gelassenheit aus, die viele Gäste zu schätzen wissen.

15 km westl. von Konstanz

MUSEEN

Hermann-Hesse-Höri-Museum

Der Schriftsteller Hermann Hesse lebte von 1904 bis 1912 in Gaienhofen. Das Museum umfasst zwei Häuser. Im Höri-Museum sind im Erdgeschoss Arbeiten von bildenden Künstlern, darunter Otto Dix und Helmuth Macke, zu sehen, die sich in den 1930er-Jahren auf der Höri niederließen. Das erste Stockwerk ist dem Höri-Aufenthalt von Hesse gewidmet. Das Dachgeschoss zeigt Exponate aus der Jungsteinzeit. Im »Hesse-Haus« gegenüber – hier verlebte der Autor die Jahre von 1904 bis 1907 mit seiner Familie – werden Sonderausstellungen gezeigt.

Gaienhofen, Kapellenstr. 8 • Tel. 0 77 35/8 18 37 • www.hermann-hesse-hoeri-museum.de • Mitte März–Okt. Di–So 10–17, Nov.–Mitte März Fr und Sa 14–17, So 10–17 Uhr • Eintritt 3 €

Museum Fischerhaus

Im kleinen Riegel-Fachwerkhaus in der Bauweise der Hegauer Bauernhäuser finden sich Exponate zu den Pfahlbauten von Wangen sowie Fossil-Funde aus Öhningen.

Öhningen-Wangen, Seeweg 1 • Tel. 0 77 35/39 22 • www.museum-fischerhaus.de • Mitte April–Mitte Okt. Di–Sa 11–17, So 14–17 Uhr

Otto-Dix-Haus

In seinem ehemaligen Wohnhaus wird an den 1969 verstorbenen Künstler Otto Dix, einen der bedeutendsten Maler des Expressionismus, erinnert. 1933 aus der Akademie der Künste entlassen und als entartet verfemt, zog er 1936 auf die Höri.

Hemmenhofen, Otto-Dix-Weg 6 •
Tel. 0 77 35/31 51 • www.otto-dix-
haus.com • Mitte März–Ende Okt. Di–
Sa 14–18, So 11–18 Uhr

ÜBERNACHTEN/ESSEN UND TRINKEN

Silencehotel Restaurant Gottfried

Entspannt rustikal • Ruhige Zimmer, Apartments und Wellness-Angebote; das ausgezeichnete Restaurant serviert Fischkreationen.
Moos, Böhringer Str. 1 • Tel. 0 77 32/
9 24 20 • www.hotel-gottfried.de •
4 Zimmer, 3 Apartments •
Hotel €€, Restaurant €€€€

Seehotel Höri

Romantisch-rustikal • Das Hotel am Untersee bietet ein Hallenbad mit Saunalandschaft und Fitnessraum. Im angeschlossenen Restaurant kann man hervorragend essen.
Hemmenhofen, Uferstr. 20–23 • Tel.
0 77 35/81 10 • www.hoeri-am-
bodensee.de • 84 Zimmer • 🐾 •
Hotel €€, Restaurant €€€

Landgasthof Kellhof

Gutes Preis-Leistungs-Verhältnis • Im neu erbauten Fachwerkhaus ist auch Halbpension möglich – kein schlechter Gedanke, denn das zum Hotel gehörige Restaurant bietet hervorragende lokale Gerichte.
Hemmenhofen, Hauptstr. 318 •
Tel. 0 77 35/20 35 • www.kellhof.de •
14 Zimmer • Hotel April–Okt. geöffnet • Hotel €, Restaurant €€

◎ Kreuzlingen   ▶ S. 117, F 3

17 000 Einwohner

Die Stadt entstand erst im letzten Jahrhundert aus dem Zusammenschluss der Gemeinden Kurzrickenbach, Egelshofen und Emmishofen

und hat daher kein gemeinsames Zentrum. Kurzrickenbach hat sich seinen dörflichen Charakter erhalten, Emmishofen wirkt durch Schlösschen und Landsitze etwas vornehmer.

Wunderschön gelegen, lädt der **Seeburgpark** zu einem Spaziergang ein. Hier liegt auch das **Schloss Seeburg** mit Restaurant. Sehenswert ist außerdem die **Basilika St. Ulrich**, die Teil einer größeren Klosteranlage ist, die Mitte des 17. Jh. gebaut und nach einem Brand 1963 originalgetreu wieder aufgebaut wurde.
2 km südl. von Konstanz

SEHENSWERTES

Planetarium 👭

Jährlich besuchen etwa 20 000 Interessierte das 2002 eröffnete einzige Planetarium am Bodensee und tauschen die Liegestühle am Wasser mit den 70 Liegestühlen unter der Sternenkuppel, um einen Abstecher in die Galaxis zu machen.
Bahnstation Kreuzlingen-Bernrain, Breitenrainstr. 21 • Tel. 0 71/6 77 38 00 • www.avk.ch • Vorführungen Di, Fr, Sa 20 Uhr, Mi und So 15 und 17 Uhr • Eintritt 12 CHF, Jugendliche 8 CHF, Kinder 6–10 J. 6 CHF

Sternwarte 👭

Jeden Mittwochabend zwischen 19 und 22 Uhr steht die unmittelbar neben dem Planetarium gelegene Sternwarte interessierten Besuchern offen. Ehrenamtliche Mitarbeiter führen anhand praktischer Vorführungen in die Sternkunde ein, um 19.15 Uhr gibt es eine kurze Präsentation des aktuellen Sternenhimmels im benachbarten Planetarium.
Eintritt 6 CHF, Jugendliche 5 CHF, Kinder bis 10 J. frei

Planetenweg 🎎

Eine schöne Ergänzung zu Planetarium und Sternwarte. Im Maßstab 1:1 Milliarde sind die Planeten angeordnet. Jeder Schritt legt die doppelte Strecke Erde–Mond zurück – wann sind Sie schon mal mit dreifacher Lichtgeschwindigkeit gewandert?
Beim Planetarium

MUSEEN

Seemuseum

Auf 1200 qm können Sie in der ehemaligen Kornschütte alte Bodenseeschiffe bewundern und sich über die Fischerei am See informieren. In einer interessanten Sonderausstellung wird anhand von Bildern der Landschaftswandel am See innerhalb der letzten 200 Jahre greifbar gemacht.
Seeweg 3 • Tel. 0 71/6 88 52 42 • www.seemuseum.ch • Juli–Sept. Di–So 14–17, April–Juni und Okt. Mi, Sa, So 14–17, Nov.–März So 14–17 Uhr • Eintritt 8 CHF, Kinder 5 CHF

EINKAUFEN

Strellson Outlet

Großes Outlet des bekannten Herstellers für Herrenmode mit Fokus auf Business-Bekleidung.
Sonnenwiesenstr. 1 • Mo–Fr 13–18.30, Sa 9–16 Uhr

AM ABEND

Theater an der Grenze

Über 30 Jahre schon bürstet das kleine Privattheater den Zeitgeist gegen den Strich. Witzige Gastspiele von der Crème de la Crème der deutschsprachigen Kleinkunst, aber auch Kindertheater und Kindermusik sowie die Reihe »First Steps«, welche Künstlernachwuchs präsentiert.
Freiestr. 26 • Tel. 0 71/6 71 26 42 • www.theaterandergrenze.ch

◎ Marienschlucht

▸ S. 117, E/F 2

Unterhalb der **Ruine Kargegg** erwartet Sie eine der schönsten Ecken des Sees, die Sie auf einer Wanderung erkunden sollten. Beim Abstieg vom **Bodanrück** eröffnet sich eine romantisch zerklüftete Klamm, die Marienschlucht, die 100 m lang und stellenweise nur 2 m breit ist. Der Weg ist teils mit Holztreppen und -stegen befestigt. Am See befindet sich ein Steg, an dem während der Saison die Schiffe der Weißen Flotte regelmäßig anlegen.
Vorbei am **Teufelstal** gehen Sie mehrere Kilometer Richtung Bodman durch den Wald, bis sich große Obstplantagen am Hang des nun weniger

MERIAN-Tipp   9

SCHLOSS GIRSBERG

▸ S. 117, F 3

Schloss Girsberg im Westen von Kreuzlingen war bis zum Zweiten Weltkrieg Sommersitz der Familie Graf Zeppelin. Heute ist das Ensemble ein kulturelles Highlight auf der Schweizer Untersee-Seite. Neben einem Puppenmuseum, das 500 Puppen aus verschiedenen Ländern und Epochen zeigt, ist das Graf-Zeppelin-Erinnerungszimmer zu sehen. Jeden Sommer findet außerdem eine Theaterinszenierung im Schlosshof statt.
Kreuzlingen, Abfahrt auf der Straße nach Tägerwilen • Tel. 0 71/6 72 46 55 • www.schlossgirsberg.ch • Puppenmuseum: jeden ersten So im Monat von 15–17 Uhr und während Veranstaltungen geöffnet • Eintritt 4 CHF

steil ansteigenden Bodanrück erstrecken. In **Bodman** sollten Sie sich eine Erfrischung gönnen, auf das nächste Boot warten und mit diesem zum Bootssteg der Marienschlucht zurückschippern. In einer halben Stunde erreichen Sie von dort wieder den Parkplatz Langenrain.

Die Marienschlucht (▸ S. 89) ist ein beeindruckendes Naturdenkmal am See.

Wanderung 3–5 Std.; Fußweg von Bodman 6 km, von Wallhausen 4 km, vom Parkplatz beim Golfplatz Langenrain 1 km
18 km nördl. von Konstanz

◎ Radolfzell ▸ S. 117, D/E 2
30 000 Einwohner

Radolfzell ist ein beliebter Ferien- und Kneippkurort am westlichen Bodensee. Durch seine Lage zwischen See, Höri, Hegau und Bodanrück ist er für Urlauber interessant, die neben einem Badeurlaub auch an abwechslungsreichen Ausflügen in diese Landschaften interessiert sind. Die Innenstadt bietet eine autofreie Fußgängerzone mit kleinen Geschäften und Cafés sowie eine lange Seepromenade mit Hafen. Sehenswert sind das **Münster Unser Lieben Frau**, eine spätgotische Pfeilerbasilika, sowie das **Österreichische Schlösschen** (Marktplatz 8), das 1609 als Stadtsitz des österreichischen Erzherzogs dienen sollte. Fertiggestellt wurde der Bau jedoch erst im 18. Jh. Heute befindet sich dort die Stadtbibliothek.
22 km nordwestl. von Konstanz

SEHENSWERTES
Naturschutzzentrum Mettnau
▸ S. 117, E 2

Auf der Bodenseehalbinsel Mettnau südöstlich vom Zentrum Radolfzells befindet sich eines der ältesten Naturschutzgebiete Deutschlands. Es ist ein bedeutendes Brutgebiet für Wasservögel. Auf einem Informationspfad zwischen Markelfingen und der Halbinsel bieten zwei Plattformen die Möglichkeit zur Beobachtung der Vögel. Start ist der Parkplatz Mettnau-Südbrücke.
Floerickeweg 2a • Tel. 0 77 32/ 1 23 39 • Ausstellung auf Anfrage zugänglich

Vogelschutzgebiet Mindelsee
▸ S.117, E 2

Der Mindelsee ist seit 1936 Teil eines Natur- und Vogelschutzgebietes 3 km nordöstlich von Radolfzell auf dem **Bodanrück**. Die artenreiche Flora – insbesondere selten gewordene Vogelarten wie Neuntöter, Schwarzkehlchen und Moorenten – kann zu Fuß oder per Rad auf gut ausgeschilderten Wegen erkundet werden.

Anfragen zu naturkundlichen Führungen unter Tel. 0 77 32/15 07 16 an den BUND Radolfzell, Mühlbachstr. 2

MUSEEN
Stadtmuseum

In der alten Stadtapotheke. Neben historischen Informationen sind auch einige Arbeiten des Malers Carl Spitzweg interessant. Ein weiteres Kabinett erinnert an den einst vielgelesenen Schriftsteller Joseph Victor von Scheffel (1826–1886).
Seetorstr. 3 • Tel. 0 77 32/8 15 30 • Di–So 10–12.30 und 14–17.30 Uhr • Eintritt 4 €, Kinder 2 €

EINKAUFEN
Seemaxx

Das führende Outlet am See. Auf den ehemaligen Produktionsflächen der Firma Schiesser in der Innenstadt von Radolfzell bieten 19 Markenhersteller – darunter auch der Unterwäsche-Hersteller selbst – auf 4500 qm ein hochwertiges Sortiment.
Schützenstr. 24 • Tel. 0 77 32/ 9 40 99 90 • www.seemaxx.de • Mo–Sa 10–19 Uhr

AM ABEND
Milchwerk

Das Tagungs- und Kulturzentrum bietet Lesungen, Theater, Comedy.
Güttinger Str. 19 • Tel. 0 77 32/8 13 62

Villa Bosch

Veranstaltungen, Kleinkunst, Konzerte sowie Wechselausstellungen gibt es in der 1865 erbauten Villa.
Scheffelstr. 8 • Tel. 0 77 32/8 13 70

SERVICE
AUSKUNFT
Touristinformation

Bahnhofplatz 2 • Tel. 0 77 32/8 15 00

MERIAN-Tipp

BISONS AUF DEM BODANRÜCK
▶ S. 117, E 1

Sie können die Bisonfarm direkt mit dem Auto anfahren oder in einer etwa 2,5-stündigen Rundwanderung vom Parkplatz am Ortseingang Bodman aus erreichen. Sie folgen hierzu der Beschilderung zur Ruine Alt Bodman. Ein Brand zerstörte 1307 den Vorgängerbau und tötete zahlreiche Mitglieder der Adelsfamilie von Bodman. Die Ruine ist aufwendig restauriert. Von dort gelangen Sie in wenigen Minuten zum Bisonhof. Neben den Bisons bietet das Hofgut einen Streichelzoo und eine Gartenwirtschaft. Auf dem Rückweg steigen Sie die 280 Höhenmeter über das Kloster Frauenberg mit herrlichem Blick auf den See ab.
Anfahrt: Auf der Straße von Radolfzell nach Bodman und weiter Richtung Liggeringen geht es durch einen Wald bergauf. Sobald man aus dem Wald herausgekommen ist, scharf links abbiegen und bergauf bis zum Hof »Bodenwald« auf einer Lichtung weiterfahren.

SPORT UND FREIZEIT
Fahrradverleih Zweirad Joos

Leihräder, Kinderanhänger u. v. m.
Schützenstr. 11 + 14 • Tel. 0 77 32/ 82 36 80 • www.zweirad.joos.de

Wassersport

Tauchkurse bietet »pro marine« (Karl-Bücheler-Str. 4, Tel. 0 77 32/ 1 07 87, www.promarine), Windsurfkurse veranstaltet Witte (Karl-Wolf-Str. 31, Tel. 0 77 32/62 92).

Im Fokus

Klosterinsel Reichenau Die größte
Insel im »Schwäbischen Meer« ist Weltkulturerbe und gleichzeitig ein bunter »Gemüseladen«.

Im November 2000 war es so weit: Die altehrwürdige **Klosterinsel Reichenau** wurde down under, im australischen Cairns, vom Welterbe-Komitee der UNESCO zum Weltkulturerbe erklärt. Die Bezeichnung Insel ist allerdings ein wenig geschummelt, denn bereits seit 1839 verbindet ein Damm quer durch das Wollmatinger Ried die Reichenau mit dem Festland.

Kleinod: St. Georg

Auf der Insel angekommen, führt die Pirminstraße nebst asphaltiertem Radweg über eine herrliche Allee zum Ortsteil Oberzell, wo die kulturelle Schatzkiste der Insel mit der 896 geweihten Stiftskirche St. Georg ihr ers-

tes Juwel präsentiert. Im Innenraum des Gotteshauses können die wichtigsten ottonischen Wandmalereien diesseits der Alpen im Original bewundert werden.

Im frühen Mittelalter lebten über 100 benediktinische Mönche auf der »Reichen Au« und bauten eine der umfangreichsten Bibliotheken ihrer Zeit auf. Die Insel entwickelte sich rasch zum Standort eines der bedeutendsten kulturellen und religiösen Zentren Mitteleuropas.

Heute zählt die Reichenau etwa 5000 meist weltliche Einwohner. Haupteinnahmequelle der Reichenauer ist neben dem Tourismus vor allem der Obst- und Gemüseanbau.

◄ Eine rare Kostbarkeit sind die ottonischen Wandmalereien in der Reichenauer Stiftskirche St. Georg (► S. 92).

Verwundert sieht sich so mancher der jährlich eine Million zählenden Tagesgäste um und stellt die logische Frage: »Wo sind die Mönche?« Lange mussten die Reichenauer darauf die Köpfe schütteln. Doch seit 2001 leben wieder Ordensbrüder auf der Insel. Aufgrund des großen Zuspruchs durch die Besucher ist die »Cella St. Benedikt« seit 2004 als abhängiges Haus fester Bestandteil der Erzabtei St. Martin zu Beuron. Die drei geistlichen Pioniere halten Stundengebete ab und nehmen sich des Nachwuchses und der Seelsorge an. Täglich außer montags um 6.15, 12.15 und 19.30 Uhr sind Interessierte eingeladen, der Liturgie in der Egino-Kapelle in der Kirche St. Peter und Paul in Niederzell aktiv beizuwohnen.

Die Bewohner der Insel haben ein ambivalentes Verhältnis zum neuerlichen Ruhm als Weltkulturerbe. Zum einen leben viele von ihnen vom Tourismus, zum anderen haben sie dessen negative Seite, wie etwa den zunehmenden Verkehr durch die vielen Tagesgäste, zu tragen. Nicht nur manche Insulaner haben gelitten, auch die ottonischen Malereien sind durch hohe Besucherzahlen in Mitleidenschaft gezogen.

Drei große christliche Feiern mit anschließender Prozession sind Beweis für eine lebendige Inselkultur: das Heilig-Blut-Fest eine Woche nach Pfingsten, das Markusfest am 25. April und Mariä Himmelfahrt Mitte August. An diesen Tagen werden die Schatzkammern des Münsters geöffnet und Reliquienschreine über die Insel getragen. Ein Ereignis, bei dem Gläubige wie Ungläubige auf die Insel drängen.

St. Maria und Markus

Die Pirminstraße endet in Mittelzell. Das Münster St. Maria und Markus wurde über einen Zeitraum von 200 Jahren ab dem 9. Jh. erbaut. Es steht an jener Stelle, an der nach alter Überlieferung der irische Mönch Pirmin 724 landete und seinen Stab in die Erde stieß. Eine Quelle entstand, und »Kröten, Unholde und Schlangen« flohen von der Insel. Der Reisende in Gottessachen veranlasste sogleich den Bau einer hölzernen Marienkirche. Die dreischiffige Basilika wurde 816 geweiht. Von ihr sind das östliche Querschiff und der Altarraum erhalten. Das westliche Querschiff mit Kirche und Altar ist dagegen dem heiligen Markus geweiht.

Peter- und Pauls-Basilika

Die Abt-Berno-Straße führt nach Niederzell auf der Westspitze der Insel. Hier erhebt sich die bis 1134 neu erbaute dritte Kirche auf der Reichenau, die Peter- und Pauls-Basilika. Besonders hervorzuheben sind romanische Wandmalereien in der Apsis, die aus den Jahren 1104 bis 1126 stammen. Ihre Fertigstellung stellt gleichzeitig Höhepunkt und Ende der Epoche der Reichenauer Malerschule dar, die 950 begonnen hatte. Nach Kirchenreformen begann im 13. Jh. die kirchliche und weltliche Macht des Klosters abzunehmen, doch bis ins 18. Jh. hinein lebten Mönche im Kloster.

INFORMATIONEN
Reichenau
Touristinformation:
Pirminstr. 145 • Tel. 0 75 34/9 20 70 •
www.reichenau.de

Benediktiner
www.benediktiner-reichenau.de

Einmal die Perspektive wechseln:
Eine Fahrt mit einem Ausflugsboot der
»Weißen Flotte« (▶ S. 114) sollte man
sich nicht entgehen lassen.

Touren und
Ausflüge

In den See, auf den See und um den See herum führen die folgenden Ausflüge, die mit landschaftlichen
und kulturellen Highlights aufwarten.

Hegau – Eine Fahrt durch den »Wilden Westen« der Region

CHARAKTERISTIK: Die abwechslungsreiche Rundfahrt durch den Hegau bietet auch die Möglichkeit einer Bergwanderung **DAUER:** Halbtagesausflug, mit Wanderung Tagesausflug **LÄNGE:** 85 km **EINKEHRTIPPS:** Hotel-Restaurant Hohentwiel, Hohentwiel 1, Tel. 0 77 31/99 070, www.hotel-hohentwiel.de € • Café Hotel Restaurant Hegauhaus, Duchtlingerstr. 55, Hohentwiel, Tel. 0 77 31/4 46 72, www.

 hotel-hegauhaus.de €€ • Roter Rettich, Friedinger Str. 34, Singen, Tel. 0 77 31/94 75 64 €€ **AUSKUNFT:** AG Hegau, Hohgarten 4, Singen, Tel. 0 77 31/8 52 62, www.hegau.de **KARTE ▶ S. 97**

Des »Herrgotts Kegelspiel«, so werden die neun kegelförmigen Hegauberge bezeichnet. Die erloschenen Vulkane dominieren die alte Kulturlandschaft rund um die 44 400 Einwohner zählende Stadt Singen. Dutzende von Burgen, Ruinen und Schlössern drücken der quellenreichen Landschaft ihren Stempel auf. Dichte Tannenwälder wachsen im milden Klima auf vulkanischem Boden zwischen Rhein und Bodensee im Süden, dem Hohen Randen im Westen und der Donau im Norden.

Stockach ▶ Schloss Langenstein

Ihre Rundfahrt beginnt in **Stockach**. Bereits 1505 kreuzten sich die Linien Wien–Paris, Ulm–Basel und Stuttgart–Zürich in der heute 16 400 Einwohner zählenden Stadt und machten sie damit zu einer der ersten Poststationen Deutschlands. Vorbei an der Nellenburg, dem ehemaligen Stammsitz des gleichnamigen Herrschergeschlechts des Hegaus im Mittelalter, fahren Sie auf der B 31 bis Nenzingen. Dort biegen Sie ab nach Orsingen und gelangen von dort zum Fasnetsmuseum im **Schloss Langenstein**. Der ehemalige Adelssitz zeigt in elf Räumen alle Aspekte der alemannischen Fasnacht. Vom Museum geht es weiter nach Aach,

wo Deutschlands wasserreichste Quelle, der **Aachtopf**, entspringt. Das bei Immendingen und Fridingen versickerte Donauwasser tritt hier mit einer Schüttung von 8530 Litern pro Sekunde wieder zutage.

Aach ▶ Hohentwiel

Von Aach gelangen Sie über Landstraßen nach **Ehingen**. Wer gern eine längere Wanderung unternehmen will, kann von hier aus in einer 17 km langen Rundtour von etwa sechs Stunden drei der neun Hegauvulkane erklimmen. Zum letzten Mal spien sie vor sechs Millionen Jahren heiße Lava über das Land. Die drei sind der Hohenkrähen (644 m) mit der Ruine einer Raubritterburg, auf der der Legende nach die Popolius Maier sein Unwesen treibt. Nach ihm ist die Singener Fasnachtsfigur des Poppele gestaltet. Auf dem Mägdeberg (666 m) erhebt sich eine gut erhaltene Festung aus dem 13. Jh. Seinen Namen erhielt er durch Mägde, die während einer Wallfahrt am Fuße des Berges ausruhten.

Der höchste und bekannteste der Vulkane ist mit 686 m der **Hohentwiel**, der von den Hegauern Hontes genannt wird. Auf ihm stand einst die größte Burg Deutschlands. Das Burggelände umfasste eine Fläche von fast zehn Hektar. Bis dahin nie erobert, wurde die Feste im Rahmen der Napoleonischen Kriege kampflos übergeben und geschleift. Die noch bestehenden Mauerreste stammen aus dem 16. Jh. Der Grundstein zur Feste wurde 914 errichtet. 1854 schrieb Joseph Viktor von Scheffel im Berggasthaus auf dem Hohentwiel an seinem Roman »Ekkehard«. Im gleichnamigen Hotel-Restaurant auf dem Hohentwiel können Sie etwas zu sich nehmen oder auch übernachten. Nach dem Abstieg bietet sich ein weiterer Stopp auf der Terrasse des Hegauhauses an.

Einfacher und kürzer ist der Aufstieg auf den Hohentwiel von **Hilzingen** aus. In dem Ort steht zudem die zwischen 1747 und 1749 von dem Barock-Baumeister Peter Thumb erbaute Pfarrkirche St. Peter und Paul, eine der schönsten Dorfkirchen in der weiteren Umgebung.

Singen ▸ Bodman

Unterhalb des Hohentwiel befindet sich **Singen**. Die Industriestadt hat sich zu einer Einkaufsstadt mit moderner Fußgängerzone gemausert. Einen Besuch wert ist das Städtische Kunstmuseum, in dem Bilder von Otto Dix ausgestellt sind. Über Radolfzell gelangen Sie nach **Bodman**.

INFORMATIONEN

Fasnetmuseum Schloss Langenstein

Tel. 0 77 71/92 01 26 • Mitte März– Ende Nov. Mi, Sa, So 13–17 Uhr

Festungsruine Hohentwiel

April–Sept. tgl. 8.30–18.30, Okt. 9– 17, Nov.–März 10–16 Uhr • Eintritt 2 €, Kinder 1 €

Kunstmuseum Singen

Ekkehardstr. 10 • Tel. 0 77 31/8 52 71 • Di–Fr 14–18, Sa, So 11–17 Uhr

Der Hochrhein – Mit Zug, Schiff und Bus zum Rheinfall in Schaffhausen

CHARAKTERISTIK: Die erlebnisreiche Fahrt mit Zug, Bus und Schiff führt zum Rheinfall und auf einer der schönsten Stromfahrten Europas zurück zum Bodensee **DAUER:** Tagesausflug **EINKEHRTIPPS:** Restaurant Badstube, Bei der Schifflände, Stein am Rhein, Tel. 0 52/74 12 09 3, www.badstube.ch €€€ • Restaurant Kammgarn, Baumgartenstr. 19, Schaffhausen, Tel. 0 52/6 25 24 03, www.kamm garn.ch € **AUSKUNFT:** Verkehrsverein Diessenhofen, Tel. 0 52/6 57 10 77 • Tou-

rist-Service Stein am Rhein, Oberstadt 3, Stein am Rhein, Tel. 0 52/7 42 20 90 • Tourist Service Schaffhausen, Herrenacker 15, Schaffhausen, Tel. 0 52/6 32 40 20 **KARTE ▶ S. 117, C 3**

Sie brechen morgens nach einer Stadtbesichtigung mit dem Zug von **Stein am Rhein** auf und treffen nach 15 Minuten in Diessenhofen ein, in weiteren zehn Minuten gelangen Sie nach Schaffhausen. Damit erreichen Sie bereits am späten Vormittag Ihr Ziel und haben nun vier Stunden Zeit für Altstadt und Rheinfall, um dann um 15 Uhr die letzte Hochrheinfähre von der Schaffhausener Schiffslände zurück nach Stein am Rhein zu nehmen. Wenn Sie Quartier in Konstanz bezogen haben, können Sie diese Zug-/Schiffstour natürlich auch von dort aus starten. Der Zug benötigt vom Konstanzer Deutschen Bahnhof nach Schaffhausen über Singen nur 38 Minuten.

Stein am Rhein ▶ Schaffhausen

Der Schweizer Bezirkshauptort Stein am Rhein befindet sich am rechten Rheinufer. Hier können Sie einer der besterhaltenen Klosteranlagen des Bodenseeraums einen Besuch abstatten: dem **Benediktinerkloster St. Georgen**. Im Klostermuseum sind der Klausurtrakt, der Kapitelsaal und der Kreuzgang aus der Zeit zwischen 1400 und 1480 sehenswert. Im Empfangsraum zeigt ein Freskenzyklus von 1515 erste Spuren der italienischen Renaissance nördlich der Alpen (Fischmarkt, Tel. 0 52/7 41 21 42, April–Okt. Di–So 10–17 Uhr, 4 CHF). Vorbei an zahlreichen hübsch bemalten Bürgerhäusern aus dem 17. und 18. Jh. gehen Sie dann über den Rathausplatz zum Wohnmuseum Lindwurm (Unterstadt 18, Tel. 0 52/7 41 25 12, März–Okt. Mi–Mo 10–17 Uhr, 5 CHF). Ein Gang über die Brücke bringt Sie zum linksrheinischen Stadtteil Vor der Brugg und zum Bahnhof. Rheinabwärts geht die Zugfahrt nach **Diessenhofen**.

Die Ortschaft hat sich ihr mittelalterliches Erscheinungsbild erhalten; wunderschön ist die gedeckte Holzbrücke, die 1816 erbaut wurde. Ebenfalls sehenswert ist der Siegelturm, das Wahrzeichen der Stadt.

Mit dem Zug fahren Sie weiter nach **Schaffhausen**. Lohnenswert ist der lange Treppenaufstieg zur **Festung Munot** auf dem Emmersberg. Der trutzige Rundbau mit 4 m dicken Wänden und einem Durchmesser von 50 m ist das Wahrzeichen der Stadt. Während Sie vom Treppensteigen verschnaufen, können Sie bereits Ihr nächstes Ziel sehen: Das Museum und Kloster zu Allerheiligen liegt ungefähr in der Falllinie des

Der Rheinfall bei Schaffhausen (▸ S. 99) wird gern als höchster Wasserfall Europas bezeichnet. Stimmt nicht ganz – doch ein spektakulärer Anblick ist er allemal.

Treppenaufstiegs und ist an seinem hohen Kirchturm erkennbar. Es beherbergt eine sehenswerte Ausstellung zur Archäologie, Geschichte, Naturkunde und Kunst (Baumgartenstr. 6, Tel. 0 52/6 33 07 77, Di–So 11–17 Uhr, 9 CHF).

Schaffhausen ▸ Rheinfall und zurück

Von der Innenstadt von Schaffhausen sind es mit dem Bus nur wenige Fahrminuten zum größten Wasserfall auf dem europäischen Festland: dem **Rheinfall** 🔶 **8** . Mit der Linie 1 gelangen Sie zum am nördlichen Ufer gelegenen, 2010 frisch renovierten Schloss Laufen, von wo Sie auf einem Fußweg entlang der herabstürzenden Wassermassen zum »Känzeli« absteigen können. Bequemer geht es mit der Doppelaufzugsanlage. Hier erleben Sie die ungeheure Macht von 700 Kubikmetern Wasser, das in mehreren Stufen über viele Meter hinabstürzt. Vom

»Schlössli Wörth« am südlichen Ufer des Rheinfallbeckens können Sie von April bis Oktober per Boot noch näher an den Fall heranfahren. Beide Uferseiten sind per Boot miteinander verbunden.

Mit dem Bus geht es wieder zurück in die Altstadt von Schaffhausen, wo Sie an der Schiffslände unterhalb der Feste Munot das Schiff besteigen und gemächlich rheinaufwärts zurückschippern. Diese Tour auf dem Oberrhein gilt als eine der schönsten Stromfahrten Europas.

WUSSTEN SIE, DASS …

… 1921 während eines natürlichen Niedrigwasserstands der Rheinfall mithilfe des Schaffhauser Wasserkraftwerks für eine halbe Stunde völlig abgestellt wurde?

Blumeninsel Mainau – Die ganze Schönheit der Bodenseeregion auf einer Insel

CHARAKTERISTIK: Auf einem Spaziergang erkundet man die Insel, die mit Kultur und herrlicher Natur aufwartet **DAUER:** Halbtagesausflug **EINKEHRTIPPS:** Schwedenschenke, Comturey-Keller oder Palmenhaus, Tel. 0 75 31/30 31 56, www. mainau.de € **AUSKUNFT:** Insel Mainau, Tel. 0 75 31/30 30, www.mainau.de, Eintritt Mitte März–Nov. von Sonnenaufgang bis Sonnenuntergang 14,90 €, Kinder 8 €, Kinder bis 12 J. frei, Familienkarte 30 €, Dez.–Mitte März 7 €, Kinder 3,50 € **KARTE ▸ S. 118, A 6**

Natur und Kultur gehen auf der **Insel Mainau 9** im Überlinger See eine überaus geglückte Verbindung ein. Im Sommer arbeiten 400 Personen im Servicebereich, und 1,3 Mio. Gäste besuchen sie jedes Jahr. Damit ist sie das größte touristische Unternehmen des Bodenseeraumes.

Ebenso reich wie die Pflanzenpracht ist die Geschichte der Insel. Um die Zeitenwende befand sich hier die Flottenbasis des römischen Feldherrn Tiberius, um 500 war sie ein von Bodan verwaltetes Königsgut. 724 kam die Mainau in den Besitz des Klosters Reichenau und wurde dann von 1272 bis 1805 Sitz eines überaus einflussreichen geistlichen Ritterordens: des Deutschen Ordens. In diese Zeit fällt auch der Bau des **Deutschordensschlosses** (1739–1746). Das Barockschloss mit Schlosskirche wurde durch den Ordensbaumeister Johann Caspar Bagnato gebaut. Die Kirche dient heute als Veranstaltungsort für kirchliche und klassische Musik.

1809 ging die Insel in den Besitz von Baden über. Großherzog Friedrich I. begann damit, exotische Bäume aus aller Welt auf der Insel anzubauen, die heute noch im Park zu bewundern sind. 1932 übernahm der schwedische Prinz Lennart die Insel,

heiratete eine Bürgerliche und zog auf die Mainau. Er öffnete die Insel dem Publikum. Seit den frühen 70er-Jahren hatte die zweite Frau des Grafen die Insel von einem patriarchalischen Familienbetrieb in ein modernes Unternehmen umgeformt. Heute verbindet die 1974 geborene Gräfin Bettina Bernadotte, Tochter von Sonja und Lennart Bernadotte, die 2008 bzw. 2004 verstorben sind, als Geschäftsführerin der Mainau GmbH Bewährtes mit Neuem – und der Erfolg gibt ihr Recht. Die Insel Mainau bleibt einer der Hauptanziehungspunkte der Bodenseeregion.

Nach wie vor geben die Pflanzen den Rhythmus vor. Im Frühling sind es die blühenden Orchideen, Tulpen und Narzissen, im Sommer bildet die Blüte der 800 Rosenarten einen Höhepunkt des Mainau-Jahres. Im Herbst ist neben den prächtigen Dahlien das **Arboretum** mit 500 Arten von Laub- und Nadelbäumen herbstlich gefärbt. Und selbst im Winter gibt es auf der Insel etwas zu sehen: zum einen die winterblühenden Gehölze wie Zaubernuss und Winterjasmin, zum anderen das **Schmetterlingshaus** mit unzähligen bunten Faltern. Das ganze Jahr über bietet das neu errichtete **Palmenhaus** einem tropischen Garten

Schutz. Hier gedeihen neben Bananen wundervolle Orchideen.

Ein Teil des Gartens wurde speziell für blinde, gehbehinderte oder Rollstuhl fahrende Gäste konzipiert. Ein Duftgarten ermöglicht es gezielt, auch den Geruchssinn zu erproben und zu schulen. Apropos schulen: Die Angebote der **Grünen Schule Mainau** (▶ S. 30) sind auf Schulklassen und andere Kindergruppen zugeschnitten. Kleinere Kinder können im neu erbauten Zwergendorf mit höhlenartigen Hütten spielen. Außerdem gibt es die Möglichkeit zum Ponyreiten, einen Bauernhof und eine Garteneisenbahn: Die Mainau ist auch ein Kinderparadies.

Lust auf Natur steht also eindeutig im Mittelpunkt des Interesses der meisten Besucher. Doch die zauberhafte Blumeninsel im Bodensee möchte mehr: Bereits 1961 wurde eine »Grüne Charta« verabschiedet, und 1998 war es nur folgerichtig, dass die Insel Mainau als erster Botanischer Garten weltweit ein Prädikat als ökologisch vorbildliches Unternehmen erhielt. Die selbst gesetzten Umweltstandards im Bereich Abgase, Abfall und Abwässer sind vorbildlich.

Die Insel Mainau hat sich auch hohe Ziele im kulturellen Bereich gesetzt. Einen Beitrag dazu leistet das Europäische Kulturforum. Erklärtes Ziel ist es, Menschen auf kultureller Ebene, sei es durch Film, Musik oder die darstellenden und bildenden Künste, zusammenzuführen. Dabei wird gezielt die Kooperation mit anderen europäischen Regionen gesucht. Ausstellungen wie etwa die der Kinderhilfsorganisation Plan International, die Mainauer Gespräche oder die aktive Teilnahme an den Lindauer Nobelpreisträgertreffen zielen in diese Richtung.

Das Palmenhaus auf der Insel Mainau (▶ S. 100) ist mit seiner einzigartigen Sammlung an exotischen Pflanzen und tropischen Gewächsen ein Erlebnis für die Sinne.

Zum Säntis – Eine Tour durchs Appenzeller Land mit Sechsländerblick

CHARAKTERISTIK: Die abwechslungsreiche Autofahrt führt ins Appenzeller Land zum höchsten Berg der Ostschweiz mit grandiosem Panoramablick auf sechs Länder **DAUER:** Tagesausflug **LÄNGE:** ca. 90 km **EINKEHRTIPPS:** Berghotel Schwägalp, Tel. 0 71/3 65 66 00, www.saentisbahn.ch €€€ • Panoramarestaurant Säntis,

Tel. 0 71/2 77 99 55, www.saentisbahn.ch €€€ • Berggasthof Aescher, Tel. 0 71/7 99 11 42, www.aescher-ai.ch € **AUSKUNFT:** www. appenzell.ch **KARTE ▸ S. 120, C 10**

Packen Sie das Fernglas und feste Schuhe ein! Diese Tour per Auto oder Motorrad ist zu jeder Jahreszeit möglich und führt Sie in alpine Gefilde. Ziel und Umkehrpunkt ist die Schwägalp. Von dort geht es per Seilbahn zum 2504 m hohen Säntisgipfel, dessen Steinmassiv der erste Vorposten der Schweizer Alpen im Bodenseeraum ist.

Rorschach ▸ Schwägalp

Steuern Sie von Rorschach aus über St. Gallen »die erste Schweizer Alpenstadt«, **Herisau**, an. Am Übergang zwischen Bodensee- und Alpenraum erwartet Sie eine typische Schweizer Kleinstadt.

Bei Waldstatt biegen Sie links auf die Staatsstraße nach Urnäsch ab. Hier im ausserrhodischen Hinterland werden die Straßen nun zunehmend schmaler, und die Hügelketten rücken näher heran. Von Urnäsch aus erreichen Sie in kurzer Zeit die **Schwägalp**, die bereits auf 1352 m Höhe liegt. Die Zufahrt ist im Winter wie im Sommer befahrbar.

Ein Naturerlebnispfad bietet mit Infotafeln versehene Themenwege zwischen 1,5 und 2,5 km Länge. Für Fans des Nordic Walking bestehen Trails verschiedener Schwierigkeitsgrade. Eine weitere Besichtigungsmöglichkeit ist die Alpschaukäserei.

Hier können Sie den Käsern von Mai bis Oktober werktags zwischen 9 und 17 Uhr über die Schulter schauen. Typische Mitbringsel sind die aromatischen Schwägalp- und Säntiskristallkäse sowie ein kräftiger Ziegenkäse namens Mutschli.

Nach einer Besichtigung können Sie sich auf der großen Sonnenterrasse des Berghotels Schwägalp ein wenig ausruhen oder gleich zur Talstation der Luftseilbahn hinübergehen.

Schwägalp ▸ Säntis

Die Säntisbahn (Tel. 07 13/65 66, Berg- und Talfahrt 41 CHF/25,60 €, Kinder von 6–16 Jahren 20,50 CHF/ 12,80 €) verkehrt halbstündlich und überwindet die 1200 Höhenmeter in zehn Minuten. Für Käufer der Bodenseeerlebniskarte (▸ S. 110) der Kategorien »Landratten« und »Seebären« lohnt sich die Investition, sie haben freie Fahrt auf sämtlichen Seilbahnen Appenzells!

Bei guter Fernsicht wird rasch klar, weshalb man beim **Säntis** 🔟 vom »Sechsländerblick« spricht: Sie sehen Italien, Frankreich, Liechtenstein, Österreich, Deutschland und – natürlich – die Schweiz. Im Westen glitzert der Zürichsee, nordwestlich liegt der Schwarzwald, im Norden überblicken Sie die gesamte Länge des Bodensees, dahinter schließt

Oberschwaben an. Und als Krönung erhebt sich im Süden das atemberaubende Alpenpanorama.

Den Atem raubte so manchem auch 1922 der berühmte Säntismord. Wetterwart Haas und seine Frau wurden tot aufgefunden, der genaue Ablauf der Tat ist bis heute ungeklärt und Anlass für manch dunkle Mutmaßung. Die Einsamkeit, in der Wetterwart und Ehefrau in den 1920er-Jahren auf dem Berg lebten, ist heute kaum mehr nachvollziehbar. Aus 600 Bergsteigern, die nach Eröffnung der ersten gemauerten Schutzhütte 1846 den Gipfel besuchten, sind durch den Bau der Seilbahn inzwischen jährlich 500 000 geworden.

Schwägalp ▶ Rorschach

Vom Parkplatz Schwägalp fahren Sie zurück nach Urnäsch. Von dort erreichen Sie nach 9 km das sehenswerte Appenzell. Falls Sie einen weiteren Gipfel besuchen wollen, lohnt ein Abstecher über Weissbad nach Wasserauen. Von dort führt eine Luftseilbahn zur **Ebenalp** (Tel. 0 71/ 7 99 12 12, Berg- und Talfahrt 25 CHF, Kinder 6–16 J. 10 CHF). Für bergerfahrene Besucher ist sie Ausgangspunkt für eine Tour hinüber zum Säntisgipfel. Aber auch für Spaziergänger ist etwas geboten. In den **Wildkirchli-Höhlen** lebten schon vor 40 000 Jahren Menschen. In etwa 15 Minuten Gehzeit gelangen Sie zum Höhleneingang. Durchqueren Sie die beleuchtete Höhle, so kommen Sie auf der gegenüberliegenden Seite zum Berggasthof Aescher-Wildkirchli. Das Haus duckt sich in 1454 m Höhe unter überhängenden Felsen. Auf der Karte stehen Appenzeller Spezialitäten. Die größte »Spezialität« ist freilich umsonst – eine tolle Aussicht!

Über Appenzell und Heiden fahren Sie quer durchs Appenzeller Land zurück nach Rorschach am See.

Hinter Appenzell (▶ S. 73) steigt das Terrain rasch an und erreicht alpine Gefilde, die im Alpsteinmassiv mit dem 2504 m hohen Säntis gipfeln.

Zeugnisse einer kosmopolitischen Ver-
gangenheit: das Haus zum Hohen Hafen
in Konstanz (▶ S. 77) mit Wandmalereien
vom Konstanzer Konzil (1414–1418).

Wissenswertes
über den Bodensee

Nützliche Informationen für einen gelungenen
Aufenthalt: Fakten über Land, Leute und Geschichte
sowie Reisepraktisches von A bis Z.

Auf einen Blick

Mehr erfahren über die Bodenseeregion –
Informationen über Land und Leute, von Bevölkerung über
Politik und Sprache bis Wirtschaft.

EINWOHNER: 3,7 Mio.
FLÄCHE: Bodensee: 536 qkm,
Euregio Bodensee: 16 186 qkm
GRÖSSTE STADT: Konstanz,
77 200 Einwohner
HÖCHSTER BERG: Säntis, 2504 m
INTERNET: www.bodensee.eu
RELIGION: römisch-katholisch
WÄHRUNG: Deutschland und Öster-
reich: Euro, Schweiz: Franken

Bevölkerung

Größte Stadt am See ist Konstanz
mit rund 77 000 Einwohnern, die
nächstgrößeren Städte der Region
sind St. Gallen mit 72 000, Friedrichshafen mit 58 000, Ravensburg
mit 49 000, Dornbirn mit 44 000,
Schaffhausen mit 34 000, Bregenz
mit 27 000, Lindau mit 24 000 und
Überlingen mit 21 000 Einwohnern.

Lage und Geografie

Der Bodensee – übrigens der größte
Trinkwasserspeicher Europas, er ver-
sorgt über 4 Mio. Menschen – liegt
im Alpenvorland auf einer Höhe von
395 m über Normalnull und misst an
seiner tiefsten Stelle 254 m. Er besteht
aus zwei Seen: dem Obersee mit einer
Fläche von 473 qkm und dem Untersee mit 63 qkm. Getrennt werden die
beiden Teile durch den Bodanrück
mit den rechtsrheinischen Stadtteilen von Konstanz an der Spitze. Der
höchste Berg der Bodenseeregion ist
der Säntis mit 2504 m.

◄ Das »tägliche Brot« der Bodensee-Fischer: Felchen, Barsche, Forellen …

Politik und Verwaltung

An den See grenzen auf deutscher Seite die zwei Bundesländer Bayern und Baden-Württemberg; auf der Schweizer Seite die Kantone Thurgau, St. Gallen, Appenzell und Schaffhausen; auf österreichischer Seite das Bundesland Vorarlberg.

Religion

Noch immer spielt die katholische Kirche eine sehr wichtige Rolle in den Dörfern und Städten rund um den See. Das Konstanzer Münster war rund 800 Jahre lang Kathedralkirche des von 585 bis 1827 bestehenden Bistums Konstanz. Das größte Bistum im Heiligen Römischen Reich hatte 1200 Jahre lang die geistliche Herrschaft über den gesamten Bodenseeraum. Die Katholiken der Region werden heute von sieben verschiedenen Bistümern betreut: Freiburg, Rottenburg, Augsburg, Feldkirch, der Territorialabtei Wettingen-Mehrerau, St. Gallen und Basel.

Sprache

Geschichte, Mentalität und auch die Sprache sind im Bodenseeraum eng miteinander verwoben. Manche gehen so weit, von einem Bodensee-Alemannisch mit eigener Sprachmelodie und Betonung zu sprechen, die je nach Region leicht variiert. So wird aus dem Haus ein »Hus«, aus neu wird »nü« oder »noi«. Wer sich für die sprachlichen Eigenheiten interessiert und mehr Informationen darüber erhalten möchte, kann im Internet unter www.alemannisch.de nachlesen.

Wirtschaft

Die Region gehört zu den dynamischsten Wirtschaftsräumen Europas. Gemeinsame Sprache, Geschichte und Kultur haben hier bei aller Unterschiedlichkeit eine breite Tradition der grenzüberschreitenden Zusammenarbeit entstehen lassen. Die Struktur wird von kleinen und mittleren Unternehmen geprägt. So arbeiten nur etwa 18 % der Erwerbstätigen am deutschen Ufer in Betrieben mit mehr als 500 Arbeitskräften, in der Schweiz und in Österreich ist dieser Anteil noch geringer. Die Wirtschaft ist stark exportorientiert und überdurchschnittlich industrialisiert. Eine hohe Lebensqualität vereinfacht die Suche nach Fachpersonal. Die Landwirtschaft spielt außer in Appenzell, Ausserrhoden und im Thurgau eine geringe Rolle. Der Anteil an Beschäftigten im Produktionssektor ist dagegen sehr hoch. Metallverarbeitung, Chemie, optische Geräte und Elektroindustrie haben einen herausragenden Stellenwert.

Rund um den See zählt der Tourismus im Dienstleistungssektor zu den wichtigen Wirtschaftsfaktoren. Zu den Besonderheiten gehören 170 patentierte Berufsfischer, die an einem weißen Ball als Seezeichen zu erkennen sind. Die Schifffahrt dient nahezu ausschließlich dem Tourismus; Ausnahmen sind die Fährverbindungen zwischen Meersburg und Konstanz, Romanshorn und Friedrichshafen und teils die Verbindung zwischen Friedrichshafen und Konstanz. Werften der Schifffahrtsgesellschaften befinden sich in Friedrichshafen, Konstanz, Romanshorn und Langwiesen; viele kleine Werften fertigen Segelboote und Jachten.

Geschichte

um 3400 v. Chr.
Am Ufer des Sees entstehen Pfahlbaudörfer. Die ersten Menschen rund um den Bodensee werden sesshaft.

15 v. Chr.
Die Region gehört zur römischen Provinz Raetia. Erst werden in Bregenz, dann in Arbon, Eschenz und Konstanz Kastelle gebaut; der See heißt nach dem bedeutendsten Kastell Lacus Brigantinus.

260 n. Chr.
Die Alemannen haben sich am nördlichen Bodenseeufer festgesetzt. Ein römisches Kastell nach dem anderen fällt, nach den Orts- und Flurnamen wird bald das gesamte Seegebiet alemannisch.

451
Bregenz und Arbon werden von den Hunnen geplündert und verbrannt; nach einer letzten Schlacht mit Attila ziehen sich die Römer endgültig über die Alpen zurück.

526
Nach dem Tod des Ostgoten Theoderich übernimmt ein alemannischer Herzog die Macht am Bodanrück, dem Hegau und dem Untersee. Die Pfalz Bodman gibt dem See seinen neuen Namen.

590
Der irische Mönch Columban macht sich gemeinsam mit zwölf Gefährten, darunter der sprachbegabte Gallus, nach Gallien auf. Er erreicht den Bodensee und gründet in Bregenz ein Kloster. Etwa gleichzeitig ist in Konstanz ein neues Bistum gegründet worden. Beide Ereignisse leiten die Christianisierung der Region ein.

612
Gallus gründet eine Einsiedelei, aus der Kloster und Stadt St. Gallen entstehen.

724
Karl Martell, Hausmeier des Fränkischen Reiches, schickt Pirmin als Missionar an den Bodensee und schenkt ihm die Reichenau. Pirmin gründet dort zu Ehren der Gottesmutter und der Apostel Petrus und Paulus ein Benediktinerkloster.

842
Walahfrid Strabo ist Abt der Reichenau. Die Mönchsgemeinschaft ist unter ihm am Zenit ihrer geistigen und kulturellen Ausstrahlungskraft.

12./13. Jh.
Oberschwaben wird staufisch. Meersburg, Arbon, Schaffhausen und Bregenz werden als Reichsstädte gegründet oder ausgebaut.

1291
Gründung der Eidgenossenschaft durch den Zusammenschluss von Uri, Schwyz und Unterwalden.

1328
Der Konstanzer Mystiker Heinrich Seuse (lateinisch Suso), schreibt in alemannischer Sprache das »Büchlein der Weisheit«.

1414–1418
Ein Reformkonzil rückt Konstanz und den Bodensee in den Mittel-

punkt der europäischen Geschichte. Die lange Jahre während Kirchenspaltung wird beendet, die beiden Reformatoren Hieronymus von Prag und Johannes Hus werden auf dem Scheiterhaufen verbrannt.

1499

Im Schwabenkrieg wird das kaiserliche Heer in Dornach von den Eidgenossen geschlagen, der Frieden von Basel legt die heute noch gültige Grenze zwischen Deutschland und der Schweiz fest.

1548

Konstanz kehrt zur katholischen Kirche zurück und wird österreichische Landstadt. Dies ist beispielhaft für die meisten Städte am Bodensee, in denen sich die Reformation nicht durchsetzt.

1803–1810

Im Rahmen des Reichsdeputationshauptschlusses werden sämtliche Klöster säkularisiert. Lindau wird bayrisch, Friedrichshafen württembergisch, die Region westlich davon badisch. Vorarlberg wird vom Wiener Kongress 1814 Österreich zugeschlagen.

1824

Auf dem Bodensee verkehrt das erste Dampfschiff.

1875

Die Industrialisierung hat vor allem den Thurgau ergriffen. Der Großteil der Bevölkerung ist arm. Auf den »Kindermärkten« in Friedrichshafen und Ravensburg werden Vorarlberger Kinder als billige Arbeitskräfte für die Schwaben angeboten. Erst 1913 findet der letzte dieser Märkte statt.

1919

Vorarlberg wird entgegen einem 80 %-Votum für die Schweiz österreichisches Bundesland.

1944

Friedrichshafen wird aufgrund seiner Rüstungsbetriebe von alliierten Flugzeugen angegriffen und zerstört.

1959

Die Internationale Gewässerschutzkommission für den Bodensee wird gegründet, um gegen die Verschmutzung des Sees vorzugehen.

1972

Die Internationale Bodensee-Konferenz mit allen Anrainerstaaten findet erstmals statt.

1983

St. Gallens Klosterbezirk wird zum UNESCO-Weltkulturerbe.

1991

Die Euregio Bodensee wird durch Gründung des Bodenseerats in ihrer Bedeutung bestärkt.

2000

Die Insel Reichenau wird zum Weltkulturerbe der UNESCO erklärt.

2006

Die Seefestspiele in Bregenz begehen ihr 50-jähriges Jubiläum.

2007

Die 1966 gegründete Universität Konstanz wird als Exzellenz-Universität ausgezeichnet.

2010

Die mit 80 m Länge größte Bodenseefähre nimmt ihren Betrieb auf.

Reisepraktisches von A–Z

ANREISE

MIT DEM AUTO

Von **Stuttgart** aus erreichen Sie die Bodenseeregion auf der »Bodenseeautobahn« A 81. Von **München** gelangen Sie über die A 96 fast durchgehend vierspurig nach Memmingen und von dort auf der A 7 nach Lindau.

Von **Innsbruck** aus fahren Sie vierspurig auf der A 12 bis Landeck, dann folgen längere einspurige Streckenabschnitte, bis Sie in Bludenz auf die vierspurige Autobahn A 14 nach Bregenz gelangen.

Von **Zürich** fahren Sie über die N7 bis Kreuzlingen und können von dort nach Konstanz weiterreisen oder sich entweder östlich in Richtung Romanshorn oder westlich zum Untersee wenden.

MIT DER BAHN

Von **Stuttgart** fahren Sie mit dem ICE in etwa eineinhalb Stunden nach Singen und von dort direkt nach Schaffhausen oder Konstanz weiter. Von **München** fahren Sie mit dem Regionalexpress in drei Stunden nach Lindau. Von **Innsbruck** dauert es zweieinhalb Stunden bis nach Bregenz, über Lindau und Radolfzell erreichen Sie Konstanz in viereinhalb Stunden. Von **Zürich** erreichen Sie St. Gallen in einer guten Stunde, nach Kreuzlingen/Konstanz sind es mit einer direkten Verbindung eineinviertel Stunden.

Fahrplanauskünfte

– DB: Tel. 0 18 05/99 66 33 • www.bahn.de
– SBB: Tel. 0 99/30 03 00 • www.sbb.ch
– ÖBB: Tel. 05/17 17 • www.oebb.at

MIT DEM FLUGZEUG

Im Umkreis von 200 km gibt es die Großflughäfen Zürich, Stuttgart und München. In Friedrichshafen befindet sich der Bodensee-Airport Friedrichshafen (www.flughafen-friedrichshafen.de). Er zählt zu den größten Flughäfen Baden-Württembergs. Moderne internationale Standards gewährleisten Allwetterflugbetrieb.

Auf www.atmosfair.de und www.myclimate.org kann jeder Reisende durch eine Spende für Klimaschutzprojekte für die CO_2-Emission seines Fluges aufkommen.

AUSKUNFT

FÜR DAS DEUTSCHE UFER

IBT (Internationale Bodensee Tourismus GmbH)
▶ Klappe hinten, b 5
Hafenstr. 6, Konstanz • Tel. 0 75 31/9 0 94 90 • www.bodensee-tourismus.com

FÜR DAS ÖSTERREICHISCHE UFER

Vorarlberg Tourismus ▶ S. 61, b2
Bahnhofstr. 14, Bregenz • Tel. 0 55 74/42 52 50 • www.vorarlberg-tourism.at

FÜR DAS SCHWEIZER UFER

▶ Klappe hinten, westl. a 2
Bahnhofplatz 1a, St. Gallen • Tel. 0 71/2 27 37 37 • www.st.gallen-bodensee.ch

BODENSEE-ERLEBNISKARTE

Eine Investition, die sich lohnt! Es werden drei Versionen für 3, 7 und 14 Urlaubstage mit unterschiedlichen Einsparmöglichkeiten angeboten: die **Landrattenkarte** (freier

Eintritt an 180 Reisezielen, 39 € für 3 Tage, 49 € für 7 Tage und 59 € für14 Tage), die **Seebärenkarte** (zusätzlich freie Fahrt auf den Kursschiffen, 69 €, 89 € und 121 €) und die **Sparfuchskarte** (freie Fahrt mit den Kursschiffen, freier Eintritt bei vielen Freizeiteinrichtungen und Ermäßigungen bei Top-Ausflugszielen, 49 €, 71 € und 109 €). Die Tickets erhalten Sie in allen Tourist-Büros am See. Detaillierte Infos: www.bodensee-erlebniskarte.info.

BUCHTIPPS

Irene Ferchl: Annette von Droste-Hülshoff am Bodensee. Die zweite Hälfte meiner Heimat. Ein literarischer Reiseführer (Klöpfer und Meyer, 2007) Der vom Bodensee stammenden Schriftstellerin ist mit ihrem Buch ein feinfühliges Porträt einer der bedeutendsten deutschen Lyrikerinnen gelungen.

Otto Schönberger (Hrsg.): De cultura hortorum – Über den Gartenbau (Reclam 2002) Der Autor liefert eine Neuübersetzung des berühmten lateinischen Lehrgedichts über die Gartenbaukunst des Reichenau-Abts Walahfrid Strabo.

Martin Walser: Ein fliehendes Pferd (Suhrkamp 2007) Die Novelle spielt am Bodensee. 1978 verfasst, 2007 verfilmt, wert, gelesen zu werden.

Alle Jahre neu erscheint das **Bodensee-Magazin**, eine informative Zeitschrift, die einen aktuellen Überblick über die Bodenseeregion gibt. Informationen und Bestellung unter www.bodensee-magazin.de.

FEIERTAGE

1. Jan. Neujahr
6. Jan. Heilige Drei Könige (Vorarlberg, Bayern, Baden-Württemberg)

NEBENKOSTEN

1 Tasse Kaffee	1,50 €
1 Bier	2,50 €
1 Cola	2,00 €
1 Brot (ca. 500 g)	1,80 €
Einzelfahrt mit öffentl. Verkehrsmitteln	2,00 €
Mietwagen/Tag	ab 80,00 €

Karfreitag
Ostermontag
1. Mai Tag der Arbeit
Christi Himmelfahrt
Pfingstmontag
Fronleichnam (Vorarlberg, Bayern, Baden-Württemberg)
1. August Nationalfeiertag in der Schweiz
15. August Mariä Himmelfahrt (Vorarlberg, Bayern)
3. Okt. Tag der Deutschen Einheit (Bayern, Baden-Württemberg)
26. Okt. Nationalfeiertag in Österreich
1. Nov. Allerheiligen (Vorarlberg, Bayern, Baden-Württemberg)
8. Dez. Mariä Empfängnis (Vorarlberg)
25. Dez. 1. Weihnachtsfeiertag
26. Dez. 2. Weihnachtsfeiertag

GELD

1 €	1,47 SFr
1 SFr	0,68 €

INTERNET

www.sgbodensee.ch
Sämtliche Städte und Gemeinden in einem alphabetischen Verzeichnis.
www.bodenseehotels.com
Infos über zahlreiche Hotels der Bodenseeregion.

www.seezunge.de
Größter Gastroführer der Region mit Empfehlungen und Besprechungen von Restaurants.

www.bodenseeschifffahrt.de
Infos zu den Schifffahrtsunternehmen auf dem See.

www.bodensee-prospekte.com
Über diese Website kann man kostenloses Infomaterial zu vielen Zielen am See herunterladen.

Die Internetseite der Kommunen in der Seeregion finden Sie, indem Sie im Browser www-Punkt-Ortsname-Punkt und dann ch für die Schweiz, de für Deutschland oder at für Österreich eingeben.

MEDIZINISCHE VERSORGUNG
KRANKENVERSICHERUNG
Die Vorlage einer Europäischen Krankenversicherungskarte (EHIC) ist ausreichend. Als zusätzlicher Versicherungsschutz empfiehlt sich der Abschluss einer Auslandskrankenversicherung, da diese Krankenrücktransporte mitversichert.

KRANKENHAUS
Krankenhäuser findet man in allen größeren Städten und Ortschaften rund um den Bodensee.

APOTHEKEN
Apotheken sind zu den üblichen Geschäftszeiten geöffnet. Nach Geschäftsschluss informiert ein Hinweisschild über die nächste Apotheke mit Nacht- bzw. Wochenenddienst.

NOTRUF
DEUTSCHLAND UND ÖSTERREICH
Euronotruf Tel. 112
(Polizei, Feuerwehr, Rettungsdienst)

SCHWEIZ
Polizei Tel. 117
Feuerwehr Tel. 118
Rettungsdienst Tel. 111

ÖFFNUNGSZEITEN
Besonderheit für Österreicher wie Deutsche ist die Tatsache, dass in der Schweiz viele Geschäfte am Montagvormittag geschlossen haben.

POST
Briefmarken erhält man in den Filialen der Post. Eine Postkarte von Deutschland nach Österreich und in die Schweiz kostet 0,65 €, eine Postkarte aus der Schweiz nach Deutschland und Österreich 1,20 SFr.

REISEDOKUMENTE
Deutsche, Österreicher und Schweizer können mit einem gültigen Reisepass oder Personalausweis (Identitätskarte) einreisen. Kinder unter 16 Jahren müssen im Pass eines Elternteils eingetragen sein oder benötigen einen Kinderausweis bzw. Kinderreisepass.

REISEWETTER
Das Bodenseewetter wird in starkem Maße vom See beeinflusst. Im Sommer steigt die Temperatur nur selten über 25 Grad. Im Winter verhindert die große Wasserfläche extrem niedrige Temperaturen. Frühjahr und Herbst sind aufgrund der ausgleichenden Wirkung des Sees ideale Reisezeiten.

TELEFON
VOWAHLEN
D ▸ CH: 00 41
D ▸ A: 00 43
CH ▸ D: 00 49
CH ▸ A: 00 43

A ▸ CH: 00 41
A ▸ D: 00 49
Handy-Besitzer telefonieren problemlos in den Netzen D1 und D2. Beachten Sie, dass Ihnen zusätzliche Roaming-Gebühren entstehen, wenn Sie in Österreich und der Schweiz von Deutschland aus angerufen werden. Eventuell vor Ort eine ausländische Prepaid-Karte kaufen!

TIERE

Hunde und Katzen benötigen zur Einreise einen EU-Heimtierausweis bzw. Schweizer Heimtierausweis (stellt der Tierarzt aus) mit Nachweis einer Tollwutimpfung. Das Tier muss durch einen Mikrochip oder – nur noch bis Juli 2011 akzeptiert – durch eine Tätowierung identifizierbar sein. Für Schweizer Hunde und Katzen ist zusätzlich eine Gesundheitsbescheinigung erforderlich, die ebenfalls der Tierarzt ausstellt.

VERKEHR
AUTO

In der Hochsaison müssen Sie mit Stauproblemen rund um den See rechnen. Eine Jahresplakette für Österreich kostet 73,80 €. Für Schweizer Autobahnen ist nur eine Jahresvignette (1.1. – 31.12.) erhältlich. Diese kostet 25 €. Die zulässigen Höchstgeschwindigkeiten auf Autobahnen (Landstraßen/Ortsgebiet) betragen in der Schweiz 120 (80/50) km/h, in Österreich 130 (100/50) km/h, in Deutschland ist eine Richtgeschwindigkeit von 130 (100/50) km/h vorgesehen. Die Promillegrenze liegt in der Schweiz, in Österreich und in Deutschland bei 0,5.

BUS UND BAHN

Der öffentliche Nahverkehr rund um den Bodensee ist hervorragend ausgebaut. Linienbusse verbinden auf der Nord- und Westseite die wichtigen Orte, die nicht mit dem Zug erreichbar sind. Züge und Busse auf der Schweizer Seite funktionieren vorbildlich.

Euregio Tageskarte

Insbesondere für länderübergreifende Reisen bietet die Euregio Tageskarte eine unkomplizierte Möglichkeit, günstig mit öffentlichen Verkehrsmitteln rund um den See unterwegs zu sein. Die Bodensee-Region ist in sieben Zonen von A–G eingeteilt. Gelöst werden können zwei aneinander liegende Bereiche oder alle Zonen. Nationale Rabattkarten werden anerkannt, Kursschiffe

Mittelwerte	JAN	FEB	MÄR	APR	MAI	JUN	JUL	AUG	SEP	OKT	NOV	DEZ
Tages-temperatur	2	4	9	14	19	22	24	23	20	13	7	3
Nacht-temperatur	-4	-3	0	4	8	12	13	13	10	6	2	-2
Sonnen-stunden	2	3	4	6	7	8	8	7	6	3	2	1
Regentage pro Monat	10	10	8	10	11	13	13	12	10	9	10	10
Wasser-temperatur	5	4	4	6	11	16	18	18	16	12	9	6

(außer Katamaran) gewähren 25 % Rabatt auf den Normalpreis. Der Preis für eine Zweizonenkarte beträgt 20 €, ermäßigt 10 €. Detaillierte Informationen erhält man unter www.euregiokarte.com.

FÄHREN/SCHIFFE

34 deutsche, österreichische und Schweizer Fahrgastschiffe und Fähren verkehren als »Vereinigte Schifffahrtsunternehmen für den Bodensee und Rhein« und befördern vier Millionen Passagiere im Jahr. Autofähren verkehren zwischen Meersburg und Konstanz sowie zwischen Friedrichshafen und Romanshorn.

Eine Solarfähre für zehn Personen verbindet die Insel Reichenau mit dem schweizerischen Mannenbach. Detaillierte Infos gibt es unter www.vsu-online.info, zur Solarfähre unter www.solarfaehre-reichenau.de

KATAMARAN

Ein moderner Katamaran verbindet stündlich in 46 Minuten Fahrzeit Friedrichshafen mit Konstanz.

– Friedrichshafen Hafenbahnhof: Info-Tel. 0 75 41/9 71 09 00
– Konstanz Schweizerbahnhof: Info-Tel. 0 75 31/3 63 93 20 • Fahrpreis 9 €, Kinder bis 14 J. 4,50 €

ZOLL

Reisende aus Deutschland und Österreich dürfen Waren abgabenfrei mit nach Hause nehmen, wenn diese für den privaten Gebrauch bestimmt sind. Bestimmte Richtmengen sollten jedoch nicht überschritten werden (z. B. 800 Zigaretten, 90 l Wein, 10 kg Kaffee). Weitere Auskünfte unter www.zoll.de und www.bmf.gv.at/zoll.

Reisende aus der Schweiz dürfen Waren im Wert von 300 SFr abgabenfrei mit nach Hause nehmen, wenn diese für den privaten Gebrauch bestimmt sind. Tabakwaren und Alkohol fallen nicht unter diese Wertgrenze und bleiben in bestimmten Mengen abgabenfrei (z. B. 200 Zigaretten, 2 l Wein). Weitere Auskünfte unter www.zoll.ch.

ENTFERNUNGEN (IN KM) ZWISCHEN WICHTIGEN ORTEN

	Bregenz	Friedrichshafen	Konstanz	Lindau	Ludwigshafen	Meersburg	Radolfzell	Romanshorn	Rorschach	Stein am Rhein	Überlingen
Bregenz	–	30	61	8	76	49	80	40	25	94	66
Friedrichshafen	30	–	91	22	46	19	61	70	45	76	36
Konstanz	61	91	–	69	34	51	19	21	36	27	44
Lindau	8	22	69	–	68	41	88	48	33	102	58
Ludwigshafen	76	46	34	68	–	27	15	55	70	30	10
Meersburg	49	19	51	41	27	–	42	89	74	57	17
Radolfzell	80	61	19	88	15	42	–	40	55	23	25
Romanshorn	40	70	21	48	55	89	40	–	15	40	65
Rorschach	25	45	36	33	70	74	55	15	–	55	91
Stein am Rhein	94	76	27	102	30	57	23	40	55	–	48
Überlingen	66	36	44	58	10	17	25	65	91	48	–

Kartenatlas
Maßstab 1:250 000

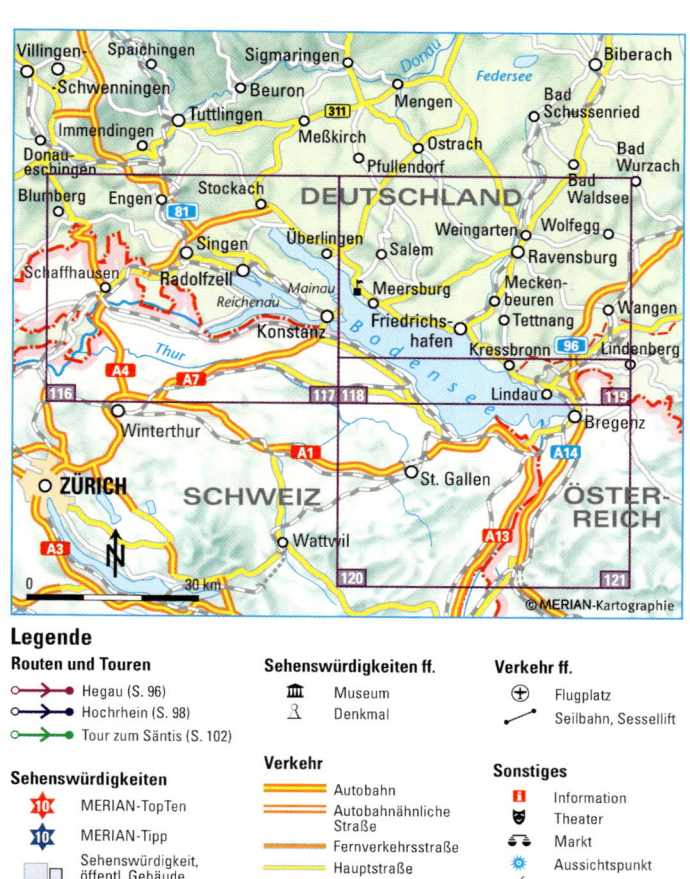

Legende

Routen und Touren
- Hegau (S. 96)
- Hochrhein (S. 98)
- Tour zum Säntis (S. 102)

Sehenswürdigkeiten
- MERIAN-TopTen
- MERIAN-Tipp
- Sehenswürdigkeit, öffentl. Gebäude
- Sehenswürdigkeit Kultur
- Sehenswürdigkeit Natur
- Kirche
- Kloster
- Schloss, Burg
- Burgruine
- Moschee

Sehenswürdigkeiten ff.
- Museum
- Denkmal

Verkehr
- Autobahn
- Autobahnähnliche Straße
- Fernverkehrsstraße
- Hauptstraße
- Nebenstraße
- Sonstige Straßen
- P Parkmöglichkeit
- DB Bahnhof (Deutschland)
- Bahnhof (Österreich)
- Bahnhof (Schweiz)
- Flughafen

Verkehr ff.
- Flugplatz
- Seilbahn, Sessellift

Sonstiges
- i Information
- Theater
- Markt
- Aussichtspunkt
- Weingut
- Weinanbaugebiet
- Naturparkgrenze

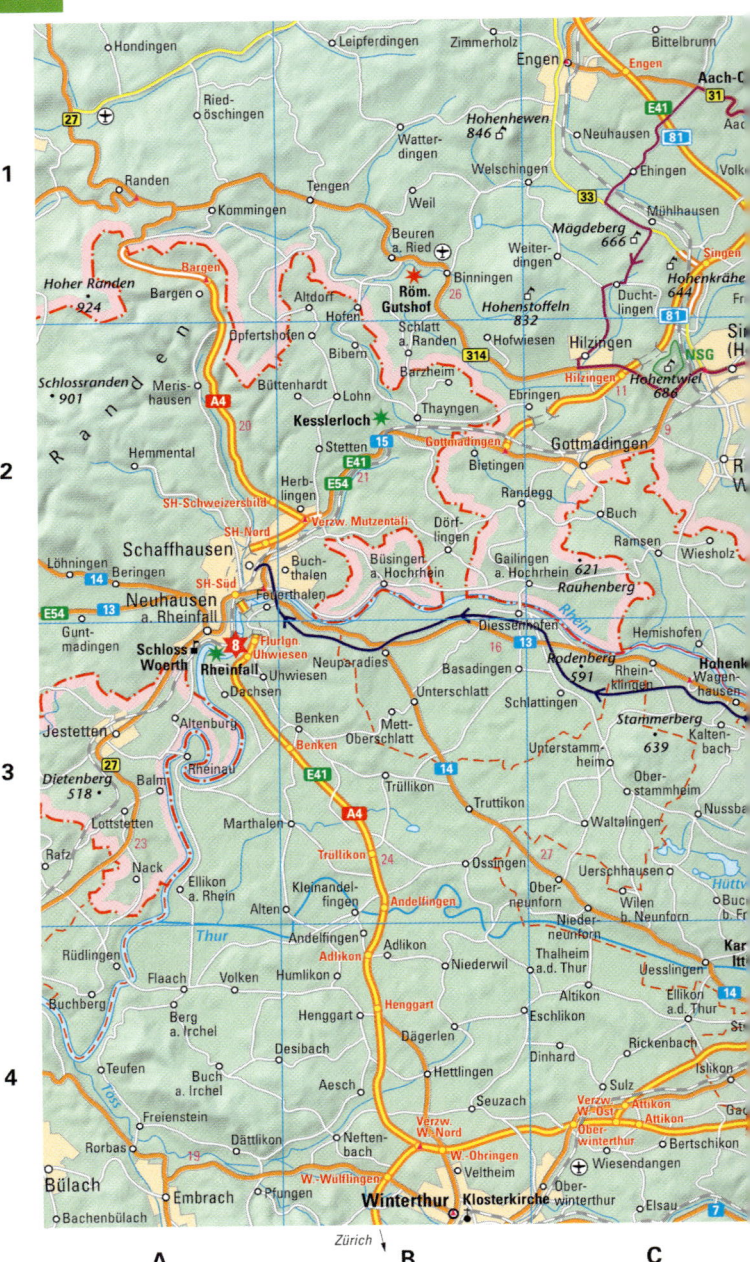

0   4,5 km

© MERIAN-Kartographie

A   B   C

Wilhelmsdorf
Schönach
Hattenweiler
Illmensee
Illmen-
see
Straß
Zußdorf
Danketsw
Taisersdorf
Unterrhena
Eschbeck
Illwangen
Baden-
Wintersulgen
833
Glashütten
Hasenweiler
Z
Hohenbodman
Altheim
Heiligenberg
Schloss
Heiligenberg
Bett
Frickingen
Leustetten
Beuren
Wahlweiler
Ringgenweiler
Hor
Lippertsreute
Ober-
sigggingen
Winterbach
DEUTSCHLAND
Rickenbach
Weildorf
Wittenhofen
Sattelbach
Wo
wei
Salem
Tüfingen
Mennwangen
Untersiggingen
Urnau
Eggar
Kloster
Salem
Neufrach
Mimmen-
hausen
Württemberg
Affenberg
Mittelstenweiler
Harresheim
718
Hefigkofen
Nussdorf
Mühlhofen
Gehrenberg
754
33,5
Birnau
Grasbeuren
Bermatingen
Stadel
33
Ober-
teuringen
Seefelden
Ober-
Uhldingen
Markdorf
Pfahlbauten
Ahausen
Leimbach
Unter-
teuringen
Unter-
Daisendorf
Riedersweiler
Ittenhofen
Lipbach
Insel Mainau
Stetten
Kluftern
Efrizweiler
Ailingen
Meersburg
Abenteuerpark
Immenstaad
Schnetzenhausen
Lochb
Staad
Hagnau
a. Bodensee
Kippenhausen
Fischbach
Löwental
Petershausen
Schloss
Helmsdorf
Manzell
Schloss
Kirchberg
Schloss
Immenstaad
a. Bodensee
Schloss
Zeppelinn
NS
Böttighofen
Pfahlbauten
Wallfahrts
Unserer Liebe
Eriskircher
Münsterlingen
Pfahlbauten
Landschlacht
Oberhofen
b. Kreuzlingen
Schönen-
baumgarten
Bodensee
Illighausen
Altnau
Pfahlbauten
Güttingen
Schloss Moosburg
Langrickenbach
Pfahlbauten
Kesswil
Birwinken
Uttwil
Buch
Dünnershaus
Dozwil
13
Andwil
TG
Sommeri
Romanshorn
Salmsach
Erlen
8
Donz-
hausen
Riedt
14
Amriswil
Egnach
Kradolf
Buch-
ackern
Schocherswil
Steinebrunn
Frasnacht
Arbon-
West
Heldswil
Wasserschloss
Hagenwil
Neukirch
18
A1.1
Arbon
Zihlschlacht
Muolen
Arbon-
Süd
Steinach
Hohentannen
Schweizers-
holz
Sitterdorf
Häggenschwil
Horn
A   B   120   C   Rorsch
Bischofszell
Wilen
St. Pelagiberg
Unterlören

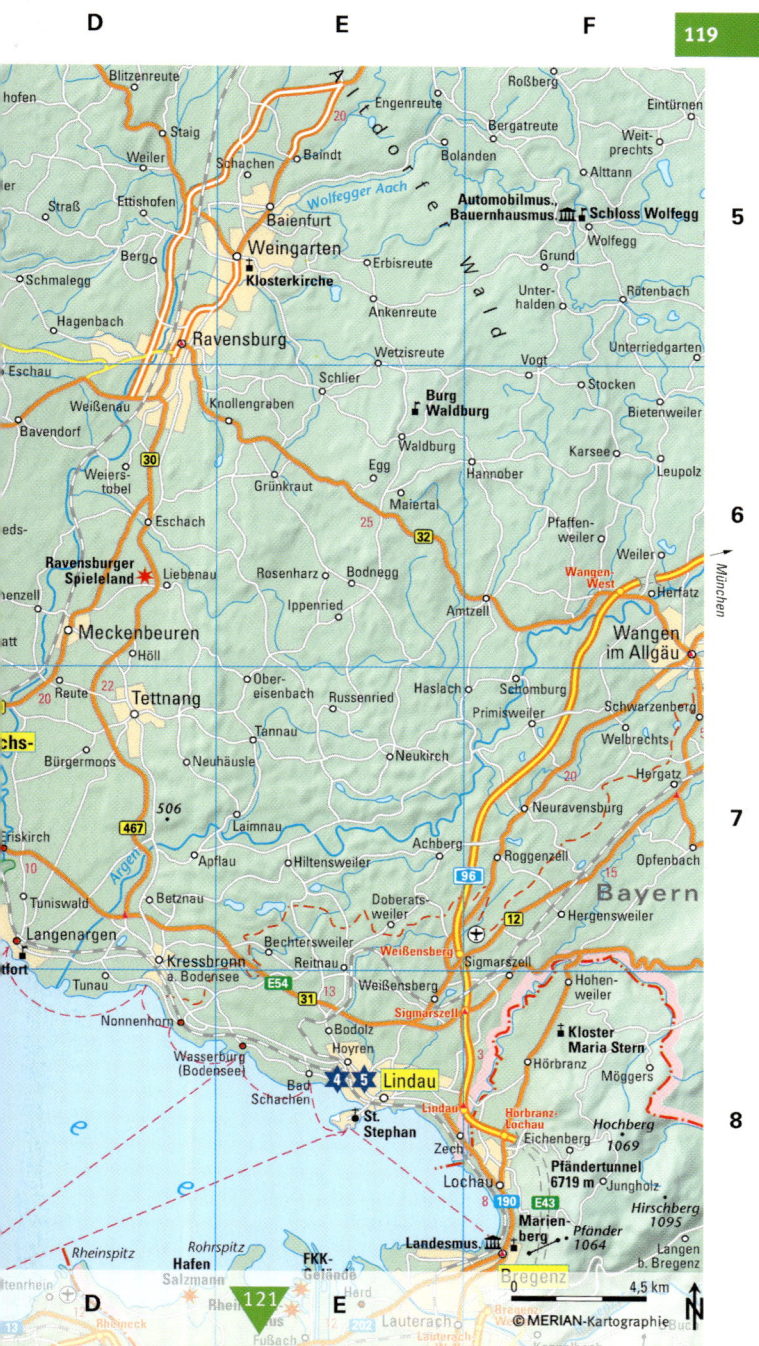

Roßberg

Blitzenreute

hofen

Engenreute

Eintürnen

Staig

Bergatreute

Weit-
prechts

Weiler

Schachen

Baindt

Bolanden

Alttann

Straß

Ettishofen

Wolfegger Aach

Automobilmus.,
Bauernhausmus.

Schloss Wolfegg

Baienfurt

5

Berg

Weingarten

Erbisreute

Wolfegg

Schmalegg

Klosterkirche

Grund

Rötenbach

Hagenbach

Ankenreute

Unter-
halden

Eschau

Ravensburg

Wetzisreute

Unterriedgarten

Weißenau

Schlier

Vogt

Knollengraben

Burg
Waldburg

Stocken

Bavendorf

Waldburg

Bietenweiler

Weiers-
tobel

Egg

Hannober

Karsee

Eschach

Grünkraut

Maiertal

Pfaffen-
weiler

Leupolz

6

Ravensburger
Spieleland

Liebenau

Rosenharz

Bodnegg

Weiler

Wangen-
West

München

Ippenried

Amtzell

Herfatz

Meckenbeuren

Höll

Wangen
im Allgäu

Reute

Tettnang

Ober-
eisenbach

Russenried

Haslach

Schomburg

Schwarzenberg

Bürgermoos

Tannau

Primisweiler

Welbrechts

Neuhäusle

Neukirch

Hergatz

506

467

Laimnau

Neuravensburg

7

Friskirch

Apflau

Hiltensweiler

Achberg

Roggenzell

Opfenbach

Tuniswald

Betznau

96

Bayern

Langenargen

Doberats-
weiler

Hergensweiler

Bechtersweiler

12

Kressbronn
a. Bodensee

Reitnau

Weißensberg

Sigmarszell

Hohen-
weiler

Tunau

E54

31

13

Weißensberg

Nonnenhorn

Bodolz

Sigmarszell

Kloster
Maria Stern

Wasserburg
(Bodensee)

Hoyren

Hörbranz

Möggers

Bad
Schachen

4 5

Lindau

Lindau

Hörbranz-
Lochau

Hochberg
1069

St.
Stephan

Zech

Eichenberg

Langen
b. Bregenz

Rheinspitz

Rohrspitz
Hafen
Salzmann

Lochau

Pfändertunnel
6719 m

Jungholz

Hirschberg
1095

FKK-
Gelände

8 190

E43

Marien-
berg

Pfänder
1064

Landesmus.

Bregenz

4,5 km

© MERIAN-Kartographie

121

N

Kartenregister

Zeichenerklärung
○ Orte
▲ Gebirge
∞ Landschaft
~ Gewässer, Strand
★ Sehenswürdigkeit

Orts- und Sachregister

Wird ein Begriff mehrfach aufgeführt, verweist die **fett** gedruckte Zahl auf die Hauptnennung, eine *kursive* Zahl auf ein Foto.
Abkürzungen:
Hotel [H]
Restaurant [R]

Liebe Leserinnen und Leser,
vielen Dank, dass Sie sich für einen Titel aus unserer Reihe MERIAN *live!* entschieden haben. Wir freuen uns, Ihre Meinung zu diesem Reiseführer zu erfahren. Bitte schreiben Sie uns an merian-live@travel-house-media.de, wenn Sie Berichtigungen und Ergänzungen haben – und natürlich auch, wenn Ihnen etwas ganz besonders gefällt.

Alle Angaben in diesem Reiseführer sind gewissenhaft geprüft. Preise, Öffnungszeiten usw. können sich aber schnell ändern. Für eventuelle Fehler übernimmt der Verlag keine Haftung.

© 2010 TRAVEL HOUSE MEDIA
  GmbH, München
MERIAN ist eine eingetragene Marke der GANSKE VERLAGSGRUPPE.

2., unveränderte Auflage

Alle Rechte vorbehalten. Nachdruck, auch auszugsweise, sowie die Verbreitung durch Film, Funk, Fernsehen und Internet, durch fotomechanische Wiedergabe, Tonträger und Datenverarbeitungssysteme jeglicher Art nur mit schriftlicher Genehmigung des Verlages.

BEI INTERESSE AN DIGITALEN DATEN AUS DER MERIAN-KARTOGRAPHIE:
kartographie@travel-house-media.de

BEI INTERESSE AN ANZEIGENSCHALTUNG:
KV Kommunalverlag GmbH & Co KG
MediaCenterMünchen
Tel. 0 89/92 80 96 44
winzer@kommunal-verlag.de

TRAVEL HOUSE MEDIA
Postfach 86 03 66
81630 München
merian-live@travel-house-media.de
www.merian.de

PROGRAMMLEITUNG
Dr. Stefan Rieß
REDAKTION
Beate Martin
LEKTORAT
Christa Botar
BILDREDAKTION
Lisa Grau
SCHLUSSREDAKTION
Christiane Gsänger
SATZ
Sabine Dohme, München-Planegg
REIHENGESTALTUNG
Independent Medien Design,
Elke Irnstetter, Mathias Frisch
KARTEN
Gecko-Publishing GmbH für
MERIAN-Kartographie
DRUCK UND BUCHBINDERISCHE VERARBEITUNG
Stürtz Mediendienstleistungen, Würzburg
GEDRUCKT AUF
Eurobulk von der Papier Union

Ein Unternehmen der
GANSKE VERLAGSGRUPPE

MIX
Papier aus verantwortungsvollen Quellen
FSC
www.fsc.org
FSC® C043954

BILDNACHWEIS
Titelbild (Bergbahn von Bregenz zum Pfänder), T. Anzenberger
T. Anzenberger 20, 106 • Arco Images: Camerabotanica 16, R. Frank 79 • J. Biecker 6 • Bildagentur Huber 26 • Bildagentur Huber: R. Schmid 2, 34, 58, 94/95 • bodenseefoto.de 65, 68, 81, 87, 92, 101 • ddp: J. Koch 4, 45 • W. Dietrich 14, 22, 31, 48, 90, 99 • dpa Picture-Alliance: epa Keystone Risch 73, S. Puchner 28 • R. Freyer 7 o., 46 • R. Gerth 32/33 • U. Haafke 104/105 • Hotel Martinsmühle 19 • Jahreszeitenverlag: O. Gollnek 12 • laif: P. Bialobrzeski 9 u. • LOOK-foto: Engel & Gielen 76 • K.J.A. Mellenthin 10/11, 82 • Panthermedia/A1 PIX 39 • Photoglob 103 • U. Romeis 54 • H. Wagner 52 • Waldhäusel/Imagebroker/Stella 62